【中国人格读库

国家新闻出版广电总局
培育和践行社会主义核心价值观主题出版重点出版物

冯子材传

高占祥　主编

董尚　著

北京时代华文书局

图书在版编目（CIP）数据

冯子材传 / 董尚著 . -- 北京：北京时代华文书局 , 2015.7（2022.3 重印）

（中国人格读库 / 高占祥主编）

ISBN 978-7-5699-0345-4

Ⅰ . ①冯…　Ⅱ . ①董…　Ⅲ . ①冯子材（1818～1903）一传记　Ⅳ . ① K825.2

中国版本图书馆 CIP 数据核字（2015）第 144047 号

冯 子 材 传
Feng Zicai Zhuan

主　　编 | 高占祥
著　　者 | 董　尚

出 版 人 | 陈　涛
责任编辑 | 邢　楠
装帧设计 | 程　慧　段文辉
责任印制 | 訾　敬

出版发行 | 北京时代华文书局 http://www.bjsdsj.com.cn
　　　　　北京市东城区安定门外大街 138 号皇城国际大厦 A 座 8 楼
　　　　　邮编：100011　电话：010 - 64267955　64267677
印　　刷 | 三河市嵩川印刷有限公司　0316 - 3650395
　　　　　（如发现印装质量问题，请与印刷厂联系调换）
开　　本 | 787mm×1092mm　1/16　印　张 | 11.75　字　数 | 114 千字
版　　次 | 2016 年 1 月第 1 版　　印　次 | 2022 年 3 月第 3 次印刷
书　　号 | ISBN 978-7-5699-0345-4
定　　价 | 39.80 元

社会主义核心价值观与中国人格

周殿富

社会主义制度在中国已经建立了六十余年，而我们党则在本世纪初叶提出了培育弘扬社会主义核心价值观的重大课题，显然是其来有自。

社会主义的道德风尚在新中国蔚然兴起，曾经那样地风靡于二十世纪中叶。邓小平同志曾经在改革开放中讲过，当年"这种风气不仅是中国历史上从来没有过的，而且受到了世界人民的赞誉"。然而可惜的是，这个在社会主义制度建立与实践中，同步兴起的社会主义道德风尚的成长道路，却是一波四折。半个多世纪以来，它先是与共和国一道遭受了十年"文革"的浩劫；接着便是全党工作重心转移到改革开放进程中，欧风美雨"里出外进"的浸洗濡染；再接着是西方"和平演变"在东欧得手的强烈震荡与冲击；最后又是市场经济中那两只"看不见的手"在搅动着、嬗变着人们的价值取向。至少在国民中出现了价值观上的多层次化，传统美德的弱化，社会道德文明水准的退化，光荣革命传统的淡化，这也许正是中央在本世纪初提出社会主义核心价值观的原因吧。

不管怎么"变"，怎么"化"，当我们回首来时路，却不能不说，中华民族真的很强大，很值得骄傲。人类经历了几千年的文明进程，堪称世界文化之源的"五大文明古国"，其他四大古国文明都已被历史淘汰灭亡，只有中国成了唯一的延续存在。近现代即使那般的积贫积弱，被西方列强豆剖瓜分、弱肉强食，想亡我中华都不可能，就连最强大的美帝国主义，最凶残的日本军国主义都成为我们的手下败将，而且打出了一个新中国，且跨过整整一个历史阶段，直接进入了社会主义。西方敌对势力几十年不遗余力地对新中国百般围剿，"冷战""热战""和平演变"手段用尽，连如此强大的前苏联乃至整个苏东阵营都被瓦解了，而社会主义的旗帜仍旧在960万平方公里的土地上高高飘扬，而且昂首挺胸地屹立在世界的东方，中国真的是太强大了。几十年来的瞩目成就，竟然令西方发出了"中国威胁论"。你管他别有用心也好，言过其实也好，总比让别人说我们是"瓷器"，是"东亚病夫"好吧？1840~1949年的一百零九年间，中国尽受别人的欺负、"威胁"了，我们也能让那些昔日列强有点"威胁感"，又有什么不好？更何况这是他们自己说的啊！我们并没吹嘘，也没有去做。几千年来我们侵略过谁呢？"反战""非攻""兼相爱，交相利"，中国古有墨子，近有周恩来、邓小平同志。这也是中华民族固有传统美德的延续吧！

生于忧患，死于安乐，这也当是中华民族的一个传统美德吧？几十年来尽管中国如此繁荣兴旺，但从邓小平生前一直到党的"十八大"以来，无论哪一届中央领导集体，从来都没有忘记过国之忧患。忧在何处，患在何处呢？

二十世纪八十年代末，邓小平同志曾经在半年的时间内四次提到：中国改革开放十年最大的失误在教育，在"对青年的政治思想教育抓得不够""对人民的教育不够"，足见他的痛心疾首。他晚年时又提到了"国格"与"人格"的问题，讲道："谈到人格，但不要忘记还有一个国格。特别是像我们这样第三世界的发展中国家，没有民族自尊心，不珍惜自己民族的独立，国家是立不起来的。"

（精装版《邓小平文选》第3卷331页。）

人们很少注意到邓小平的这一段话，但邓小平恰恰是在这里把"国格""人格"提升到了事关"立国"的高度。

那么，什么是我们社会主义的"国格"呢？邓小平讲得很明白："民族自尊心""民族的独立"。

新中国一路走来，我们最大的尊严便是完全靠"自力"，靠"艰苦奋斗"，而达"更生"之境。对西方敌对势力的"冷战""热战""和平演变"，我们何曾有过屈服？也正是在这一前提下，我们才有真正的"民族独立"。这就是我们的国格。那么什么是我们中国人的人格呢？邓小平同志在这里没有讲，但他在1978年4月22日召开的全国教育工作会议上的讲话中，在讲到我们的教育培养目标时，至少提到与社会主义人格相关的各个方面：革命的理想，共产主义的品德，勤奋学习，严守纪律，艰苦奋斗，努力上进，爱祖国，爱人民，爱劳动，爱科学，爱护公共财产，助人为乐，英勇对敌，集体主义精神，专心致志地为人民工作，等等。这里的哪一条不属于社会主义人格的范畴呢？

2006年党的十六届三中全会，第一次提出了"建设社会主义核心价值体系"的历史性命题和战略任务。2007

年，胡锦涛同志在"6·25"讲话中又具体提出这个"体系"包括四个方面的内容：①马克思主义的指导思想；②中国特色社会主义共同理想；③以爱国主义为核心的民族精神和以改革创新为核心的时代精神；④社会主义荣辱观。这四个方面，一是信仰，二是理想，三是精神，四是道德文明，哪一个不在社会主义人格的范畴之内呢？党的十七届六中全会又提到了社会主义核心价值体系是"兴国之魂"。

2012年11月，在党的"十八大"上又用"三个倡导"把社会主义核心价值观概括为十二项：①倡导富强、民主、文明、和谐；②倡导自由、平等、公正、法制；③倡导爱国、敬业、诚信、友善。而且中办文件又把这"三个倡导"分为三个层面：第一个"倡导"的四项，是国家层面的价值目标；第二个"倡导"的四项，是社会层面的价值取向；第三个"倡导"的四项，是公民个人层面的价值准则。实际上前两个"倡导"的八项都是属于"国格"范畴，而第三个"倡导"是属于"人格"范畴。

那么，我们怎样才能在前面讲到的那些历史嬗变中培育建构起这个"核心价值观"呢？中共中央政治局的第十三次集体学习，似乎很明确地回答了这个问题。

新华社北京2014年2月25日电讯称：中央政治局在2月24日，以弘扬社会主义核心价值观，弘扬中华传统美德为内容，进行了集体学习，习近平总书记在主持学习时强调：

培育和弘扬社会主义核心价值观必须立足中华优秀传统文化。牢固的核心价值观，都有其固有的根本。抛弃传统、丢掉根本，就等于割断了自己的精神命脉。博大精深的中国优秀传统文化是我们在世界文化激荡中落稳脚跟的根基。中华文化源远流长，积淀着中华民族最深层的精神追求，代表着中华民族独特的精神标识，为中华民族生生不息、发展壮大提供了丰厚滋养。中华传统美德是中华文化精髓，蕴含着丰富的思想道德资源。不忘本来才能开辟未来，善于继承才能更好创新。对历史文化特别是先人传承下来的价值理念和道德规范，要坚持古为今用、推陈出新，有鉴别地加以对待，有扬弃地予以继承，努力用中华民族创造的一切精神财富来以文化人，以文育人。

习近平总书记的这段论述相当精辟，对于如何培育建构社会主义核心价值观问题从四个方面剀切明白。

第一，他明确指出要在中华优秀传统文化的基础上，来构造我们的社会主义核心价值观，而不能割断历史。这一条十分重要，否则我们便会失去我们的本来面目，便会成为无源之水，也就无法走向未来。

第二，指出了中华传统美德是中华文化精髓，蕴含着丰富的思想道德资源。这就为我们揭示了社会主义核心价值观，要以弘扬优秀的中华传统美德为基础。

第三，他指出，对传统文化在扬弃中继承，在继承中创新。这就是说，社会主义核心价值观的内涵，既要有优良传统的文化精神，也要有时代精神，是二者的有机结合。

第四，他指出要用中华民族创造的一切精神财富，来化人育人。这就是说，弘扬中华民族文化，并不只是传承儒学那些道统，而是要弘扬全民族共创的优秀传统文化。同时也就是说，培育、弘扬社会主义核心价值观的根本目的是化民、育人。

尤其值得瞩目的是，习近平总书记在这次讲话中提到了一个"中华民族独特的精神标识"问题，而在同年的全国组织部长会议上又提出我们再也不能以GDP论英雄的思想。让人欣慰的是，思想道德文化建设终于被提升到一个民族的标识地位，这至少表明中国人的思想观念，并不落伍于世界潮流。

并不受人欢迎的亨廷顿生前给他的祖国提出的警示忠告，竟是如何弘扬他们没有多少历史和文化的"传统文化"："盎格鲁新教精神——美国梦"，以此为国家的"文化核心"问题。他讲道："在一个世界各国人民都以文化来界定自己的时代，一个没有文化核心而仅仅以政治信条来界定自己的社会，哪有立足之地？"所以，他提醒他无限忠于的祖国，一定要巩固发扬他们自入居北美以来，在新教精神基础上形成的"美国梦"理念的"文化核心"地位，这样才能消解这个国家的民族与文化双重多元化的危机。为此，他甚至预言美国弄不好会在本世纪中叶发生分裂。而且他公开预言不列颠大英帝国也会因民族与文化多元化的问题，导致在本世纪上半期发生分裂。

西方的一些专家学者们也十分强调国家民族文化的地位问题，柏克说："全世界的人根据文化上的界限来区分自己。"丹尼尔同样说："保守地说，真理的中心在于，对一个社会的成功起决定作用的是文化，而不是政治。开明地说，真理的中心在于，政治可以改变文化，使文化免于沉沦。"这些语言也可能有它们的局限性与某种非唯物性，但至少可以让我们看到那些发达的资本主义国家在想什么，至少与马克思主义经典作家们，关于意识形态并不总是消极被动地接受它的经济基础的论断并不相悖。

中国显然具有世界上最悠久的民族文化，同时显然也拥有世界上最强大的政治优势。新中国包括它直接进入社会主义的经济形态，以及其后的一次次经济变革，哪一次不是靠政治力量在强力推动呢？它当然同样拥有让我们几千年的民族文化"免于沉沦"的能力。有学人认为我们的民族文化早就被以往一次次的历史性灾难割裂了，这个看法显然都是毫无道理的。但我们当下却确实面临着"两个传统"失传失统的危险。中国的传统文化与优秀的民族美德，在当代国民中还有多少传承？老一代中国共产党人用生命与鲜血铸就的光荣革命传统，在党内还有多少"光大"？我们现在全民族的"核心文化"到底在何处？"社会主义核心价值观"的提出不仅符合世界潮流，也是使我们优秀的民族文化得以传承而不发生历史断裂的根本保证。富和强永远都不是一个民族的标志，哪个国家不可以富，不可以强？但能代表中国"这一个"本来面目，具有自己民族特色的，唯有中华民族的文化，能代表中国人形象的只有中国独具的道德人格。什么是人格？人格就是原始戏剧中不同角色的本来面目。

综上所述，我们是不是可以这样认为，社会主义核心价值观应内含如下的成分：中华民族传统文化中的优秀传统美德；中国人民近现代反帝反侵略反封建的爱国主义、斗争精神与中国共产党领导下形成的几十年光荣革命传统；中国化了的马克思主义有中国特色社会主义的共同理想；与"中国梦"远大目标相适应的时代精神。由这些内涵构成的社会主义核心价值观，用它来干什么呢？用习近平总书记的话来说就是"化人""育人"，把它再具体化一下，无非是打造能体现中华民族特色，代表中国形象的国格、人格。在思想道德层面上，一个国家的民族精神也只有在人的身上才能体现，所以我们依据社会主义核心价值观的基本要求，针对当代青少年的实际情况，策划了《中国人格读库》这样一套大型系列选题。

本套书承蒙全国少工委、中华文化促进会、团中央中国青年网三家共同主办推广，并积极提供书稿。难得高占祥老前辈热情出任该套书的编委主任，且高占祥同志不辞屈就加盟主创作者队伍。一些大学、中学教师与青年作者也积极加盟此套书的编写。该选题被国家新闻广电出版总局列为2014年全国社会主义核心价值观重点选题，在此一并鸣谢。

希望本套书的出版能为社会主义核心价值观的培育与弘扬，为促进青少年的道德人格养成起到积极的作用。欢迎广大读者与作家对不足之处批评教正，多提宝贵建议与指导意见。

谨以此代出版前言并序。

二〇一四年十月

于北京时代华文书局

引言

日南荒徼阵云开，喜有将军破敌来。

正荡妖氛摧败叶，已寒敌胆夺屯梅。

岩廊忽用和戎策，绝域旋教罢战回。

不许黄龙成痛饮，古今一辙使人哀！

——彭玉麟《羊城军中有感》

他出生时，已经步入暮年的清王朝垂垂老矣，文官爱财，武将怕死，中华大地沉浸于承平两百余年的安乐与腐败中；他去世时，遭受内忧外患的满人帝国摇摇欲坠，外国劫掠，内部倾轧，四万万人民生活在重重压迫下的水深火热之中。

出身一介贫民，他当过盐贩，做过木匠，干过渔夫，还曾经替人护送牛帮，祖母去世后的他孤苦伶仃，流落江湖，练就一身好武艺。有人说他曾经被起义军劫持，后来逃脱投靠清军，转而镇压农民起义；有人说他贪图名利，为了利益出卖了自己

冯子材

的兄弟，成为屠杀农民军的刽子手；更有人说他只是懵懵懂懂，在看清世事后选择了最适合自己的一条路。

因为性情耿介、反对腐败，仇视官场黑暗的他被人暗算，只能愤然回乡，成为一名赋闲老农，再也不问世事。倘若事情就这样发展下去，他将要庸庸碌碌地度过自己的余生。

可是，波涛汹涌的时代大潮已经将中国卷进了这个世界，尘封了五千年的文明古国必须面对这个世界上新兴资本主义国家的挑战：英国人带着洋枪洋炮和鸦片烟土来了，轰开了这个古老帝国的国门；法国人带着他们的骄傲来了，要统治远东这片庞大领土；日本人在明治维新后强大起来了，用他们恶毒的眼神窥探着中国的财富。

时代交给他一项使命：保卫这个国家，保卫她的人民。

就在他打算在家乡安度晚年的时刻，法国人入侵越南，打算由此一路北上，侵吞中国的南疆。他是忠诚的，66岁挂帅南征，只为了守护国家的安宁；他更是无畏的，敢于冒着法国人的枪林弹雨身先士卒，率众冲锋。

但是，他又是悲剧的——他拼了命在战场上拿到的，清政府在谈判桌上全部输了出去；他用尽生命去维护的，却不被任何一个高官重视。

这是他的悲哀，就如同古希腊神话中的西西弗斯一样，用尽全身气力去推石头，石头还是会滚下来，做的都是无用功；这更是时代的悲哀，和那个时代所有英雄人物一样，他们的努力和勇敢最后换得的除了失望沮丧之外没有任何回报。

但是，有一点我们必须承认，他是一个真正的军人：在他生时他做到了他能够做到的一切：镇压农民起义，维护清王朝统治；抵御外国入侵，保卫中华国土；为官治理一方，留下几多善政。

就在镇南关大捷之后不久，遭受军事严重挫折的法国茹费理内阁因此垮台，世界也真正记住了冯子材这个伟大的名字。

就在他死后四年，他保卫的镇南关响起了革命党人起义的枪声；而后四年，在他的支持者湖广总督张之洞的治所武昌，一场更大的浪涛正在汹涌。冯子材，历史会记住这个伟大的灵魂。

目录

第一章 艰辛岁月

悲苦早年 / 001

求学武馆 / 007

第二章 崭露头角

镇压起义 / 015

血战天国 / 020

第三章 廉颇未老

逐步侵略 / 024

赋闲在家 / 029

卧龙于野 / 034

慷慨请行 / 037

预备南征 / 041

越南险情 / 045

大将受封 / 050

众志成城 / 057

讨论战守 / 067

奇耻大辱 / 076

齐心协力 / 082

第四章　镇南关大捷

山雨欲来 / 094

倾巢出动 / 103

正面交锋 / 109

浴血鏖战 / 124

生死之战 / 130

虽胜尤败 / 144

第五章　大将陨落

后记 / 156

冯子材年谱 / 159

第一章 艰辛岁月

悲苦早年

冯子材在世人心中一向是这个样子：灰白头发，长须飘然，心忧祖国，刚正不阿，十足的老英雄的形象。但是我们同样要知道，英雄也是有童年的，老英雄也是从小英雄长大的，和很多历史英雄一样，这位英雄的童年过得并不幸福。

关于冯子材的童年的史料非常少，少到在清朝正史《清史稿》中没有记载，只有一些杂记寥寥记了几笔，我们所能知道的，也就是他那坎坷的生平。

冯子材祖上世代居住在广东省南海县沙头圩（今属广州市），那是一个很穷的地方，大家只是靠着庄稼的收获勉强维生，很难有余钱让孩子去私塾读书，所以，冯子材的家里没有一位读书人。

清朝乾隆年间，冯家所在的地区遭受水灾，在小农经济时

冯子材故居

代，水灾是很可怕的：水灾会淹没庄稼，让当年的庄稼绝收，而水灾带来的淤泥会掩盖农田，导致明年的收成也很难保证。如果说天灾还可以对付，那么更加严重的就是人祸了。封建时代，每每有了天灾，总会有人大发国难财，粮价会被囤积居奇的不法商人炒得很高，而一些缺德官员还会与这些人同流合污，一起搜刮民脂民膏。天灾加上人祸，生存的困难逼得百姓只能卖儿卖女换取救命粮食；到了严重的时候，还会"易子而食"，就是自己不忍心吃掉自己的孩子，只能和别人换着吃掉。

幸好，那一次水灾没有把人逼到易子而食的地步，冯子材的祖父为了求生迁到钦州城外沙尾村定居。嘉庆二十三年六月二十七日（1818年8月17日），冯子材在这里降生，开始了自己的人生。

冯子材的童年过得非常艰辛：四岁丧母，十岁丧父，孤苦伶仃，只能和祖母、兄长相依为命。他侥幸上了学，念了书，也因为付不起学费而只能中途辍学。为了生存，小冯子材做过很多职业：他曾经跟着大人们贩过盐，做过木工，当过渔民，还曾经替人放牛。当时，冯子材一个贫苦人家的孩子跟着别人贩盐也做的不是"正当营生"，而是违法行为——贩私盐。

贩私盐，其实就是私自贩卖食盐，在封建王朝是相当严重的罪名，严重时还会掉脑袋，可以说是把脑袋别在裤子上的营生。隋唐响当当的好汉程咬金、唐末"我花开后百花杀"的黄巢就都是赫赫有名的私盐贩子。

贩私盐是食盐专卖制度的产物，有盐业专卖就必然会有私盐，而且盐业专卖查禁越严，贩盐利润越高，私盐现象越猖獗。据私盐研究专家估算，盐的零售价格要高于产地价格十几倍乃至几十倍。马克思曾经说过，有百分之三百的利益人就会不顾忌上绞架的危险，何况几十倍的利润。

在生活的逼迫下，童年冯子材走上了贩卖食盐的道路。好在做了几个月之后不知道是怕被抓到不干了，还是找到更好的工作了，小冯子材改行当木匠了。

本想着通过自己的努力可以改变命运，让自己和家里人能过上有尊严的生活，但是，现实又一次打击了他——他家的篱笆房子被洪水冲垮了。父母双亡后，祖孙日复一日地过着凄惨的生活。

好猛的洪水啊！小冯子材和祖母兄长站在高处看着远处电闪雷鸣、大雨倾盆，村子里洪水滔天，浊流滚滚，他们看着自己家的小房子在大水的冲刷下很快倒塌，化作一块块砖石，然后随着水流流向远处。

"奶奶，你说人为什么这么苦啊？"生活的苦难、天有不测风云的遭遇让冯子材小小年纪就开始思考人生的意义，"我们过得这么苦，为什么没有人来帮我们呢？"

"这辈子过得苦是因为上辈子做了错事啊，你一定要好好做人、多做好事，这样你来世就能过上好日子了。"信奉佛教的祖母讲不出什么大道理来，只能用佛教宣扬的因果循环来解答冯子材的问题，"咱们受完这辈子的苦，下辈子就能好好的了。"

"哦，我知道了，我一定要做好人，做好事，让大家都过上好日子！"冯子材尚且懵懂的心灵虽然还暂且分不清什么是今生和来世，但是这不妨碍他立下志愿，要做一个好人，要做出好事，让大家都过上好日子。

冯子材日后的经历也向我们证明了这一点。在担任地方官员时，他最看不惯的就是为祸一方、贪污腐败的官员，只要能弹劾他们他就会不遗余力地与他们作斗争，但是也正是因此，他也被官员们联合排挤，终于不得不辞官回家，在家养老。

不知道是命运不愿意放过冯子材，还是老天觉得这位日后的英雄需要更多的磨炼，就在冯子材十五岁那年，他又遭受了新的打击——与他相依为命的祖母去世了。

失去了最后的依靠的冯子材顿时孤苦伶仃，无人关爱。这时候，他的一个黎姓大舅因为膝下无子，想要将他收为"螟蛉子"（义子）。所谓"不孝有三，无后为大"，大舅想找一个人给他黎家延续香火也很正常。本来，这是一个两全其美的事情，没有家人的冯子材从此有了家庭，而没有子息的大舅也有了养老送终的人，然而，冯子材却说什么都不愿意。

身穿绫罗绸缎的舅母很生气地说："你这穷小子，你祖母都去世了，家里连隔夜粮都没有，迟早要饿死家中，为何不愿意到我家来？假如你作为我家的继子，不仅可以居住在高楼广厦之间，而且一辈子吃穿不尽，你又何苦守着穷困的冯家不放呢?"

总有那么一些人,觉得所有人都是看重钱财、崇拜金钱的,好像人生在世除了财富就不会有别的追求。是以,当这些人看到别人没有追求金钱的想法时不仅不会有敬佩的心情,反而还会认为是别有用心甚至所求更大,这就是人与人的不同了。

冯子材此时虽然年纪不大,也是个没读过什么书的穷小子,但是却有自己的想法:"您的美意我心领了,但是我还是不愿意。您所依仗的,不过是家中钱财罢了,但是黎家的这些家产,在我看来不过是区区之数,不值一提。男子汉最怕的是没有大志,外甥我他日如果有所成就,家产又哪里只会是这么一点点呢?但是假如我今天过继到了黎家,冯氏又能依赖谁呢?"

财富与对于不同的人意义是不同的:对于有万贯家财之人,多一些少一些也看不出分别,反而容易有一个平和的心态,得之不喜,失之不忧;但是,对于一个家无隔夜粮,经常受人欺侮的穷小子,这种贫贱不移的志气就是难能可贵了。冯子材日后能取得成就,和他这种不屈不挠,不屈服于物质的"男子汉独患无志"精神直接相关,这也足以指导我们的为人处世。

汉朝大将军霍去病也说过"匈奴未灭,何以家为"。对于金钱、财富、地位的追求是人的本能,是无可厚非的,但是倘若一个人为了金钱地位什么都可以做,什么都不在乎,那就是非常可怕的了。孟子云"贫贱不能移,富贵不能淫,威武不能屈",或许可以作为参考。

祖母去世，又谢绝了舅父黎氏的收养，冯子材现在可谓是茕茕子立，形影相吊。这时候，这个仅仅十五岁的少年做出了一个决定——他要独自闯荡社会。

求学武馆

很少有人愿意去记录一个一文不名的年轻人的故事，假如故事不是太过离奇罕有的话，这样的文字是不会有太多的读者的，而在这位年轻人功成名就之后，也不大愿意去回忆年轻时饥寒交迫的形状，"为尊者讳"的史官们更无意去记载这种不甚礼貌的描述，是以，有关冯子材年轻时的经历的记录实在是稀少难寻，以至于我们只能凭借史书上寥寥的几行文字去推测那时的情景。幸而，我们总算还能从现存的史料中沙里淘金，寻到这位年轻人浪迹江湖时的传奇经历。

之前我们说到冯子材决心闯荡江湖，但是行走江湖，没有一身好武艺那是万万不能的，不说应付拦路毛贼，就是这行走江湖的舟车劳顿也根本受不了。古人云"穷文富武"，学习儒学只需要交一点学费加上努力学习或许可能会有所成就，但是想要学习武学，就必须拜访名师，而且学习武学体力消耗巨大，吃得也多，偶尔跌打损伤还得用药，这巨额的医药、饮食开支，根本不是普通老百姓能够支付得起的。

或许是上天怜惜命运悲苦的冯子材，就在他发愁该去哪学武的时候，机会来了。当时有一位叫庞元付的武术教头，他开设了一家武馆教授徒弟。他的武馆场地宽敞且设施完备，可以容纳几十个人同时练武。这所学校每学期四十天，训练分早晚两次进行。至于学费，则看徒弟的家庭条件而定，多的多给，少的少给，实在太少了说不定还能勤工俭学，以工代费。

反正自己一贫如洗，身无长物，冯子材想着现在报名说不定还有可能免费上课，于是就走进武馆要求学习。果然，庞教头见到冯子材肌肉发达，目光炯炯，见才心喜，不愿放过一个练武的好苗子，不要学费就愿意教授贫寒的冯子材。在了解了冯子材的身世后，颇有同情心的庞教头不仅不收学费，还为冯子材提供饭食住宿，完全把他当成了关门弟子来培养。投桃报李之下，冯子材在练武之余还帮助武馆的日常运行，挑水劈柴没有不干的，成了武馆里面最积极的学生。

庞教头的眼睛是雪亮的，冯子材果然具有学武的天分，他学了没几天就学会了好多本领，成为所有徒弟中的佼佼者。在学期满之后，庞教头把冯子材留了下来，教给他更高层次的武术——拳术刀棍之术。随着冯子材技艺大进，身形健美而擅长武术的冯子材成了武馆的活招牌，远近来武馆求学的人越来越多，高兴之余庞教头把除独门绝技"鲤鱼穿腮"之外的全部技艺传给了冯子材。

还是那句话，穷文富武，学习武学的弟子里面就有不少是纨绔子弟，他们学习武学就是为了欺男霸女，所以作风很不好。这些家伙每次来武馆都要带着家丁护卫，而为了表示对于庞教头的尊重，也是希望教头能够用心教导自己，这些人每次都让家丁宰鸡杀鸭款待庞教头，有时候还喊着"大师兄"冯子材一起喝酒。都是粗人，天性豪爽，酒到酣处，吆五喝六，就不免会有猜拳行酒令之事，每次都到深夜才会散去。要知道，这些武人可都是大嗓门，每晚大吼严重干扰了街坊邻居的生活，成了居民们的"心头大患"。而庞教头喝酒海量且生性好酒，不仅乐此不疲还有变本加厉的迹象。时间长了，武馆的规矩就废弛了，来来往往的人中不免有一些偷鸡摸狗之辈。那时候，邻居们家里经常丢鸡，再联想到武馆里天天吃鸡下酒，就不免有所怀疑。平常时节几家邻居聚在一起，街谈巷议之间，对武馆就有所怀疑，只是没有证据不能指证，而庞教头大大咧咧，对这一切都茫然不知。

钦州城有一个叫李如松的乡绅财主，交友很广，爱好是招揽宾客。很多游走江湖的郎中、相师、术士之类的"江湖人士"在他门下效力。虽说李财主的行为和战国时代"四君子"孟尝君"养士"之行类似，但是即使孟尝君也不免养了些"鸡鸣狗盗之徒"，李财主座下也不都是好人，只是因为李财主常与官府结交，出手阔绰，加上他不仗势欺人，是以受到很多人爱戴，没太多人去计较这些。

富甲一方的李财主也很想和庞教头结交，所以派了一个相师带着礼物去拜访。等相师到了武馆，见到冯子材，就说出了自己的来意，还顺手把礼物奉上。

听说是来送礼请喝酒的，"伸手不打笑脸人"，冯子材也不好拒绝，只是告诉相师自己师傅正在午睡，等睡醒之后就去通报。相师这人也很奇怪，或者说是有"职业病"，喜欢给自己见过的人看相。而这一看却不得了，相师发现自己原来是遇到了天生异相（据传三国时刘备双臂过膝，两耳垂肩，可谓异相之一）、与众不同的"异人"，立刻心生结交之心，打算替主人拉拢一下这位注定要作出一番事业的人物（古典相学认定人的祸福前程都写在脸上，很难变更）。

然而，这位庞教头似乎不大热心这类活动，或许他认为吃饭喝酒比结交地方豪强来得更加快活，是以他只是很冷漠地答复了前来结交的相师，自称才疏学浅，不配和李财主做朋友。

带着不解和不满，吃了闭门羹的相师把事情经过回报给了李财主，李财主也略略有些不满，就随口发泄了几句。而就在两人议论庞教头的"不识抬举"的时候，有一位附近的地主带着几个村民来拜访了，原来，最近偷鸡贼越发猖狂，很多人都深受其害，财产受到很大损失，是以众人打算公推李财主去告官调查。

李财主养了这么多门客，自然有品行不检点而偷鸡摸狗之辈，这位偷鸡贼此刻也在李财主家白吃白喝，眼见这么多人来找自己立刻就紧张了，生怕被人抓走。然而，此人毕竟有些急智，竟然想出了一招嫁祸之计。他凑近李财主耳边，轻轻说道："最近庞氏武馆来往人员很杂，也许是庞氏武馆的人偷的。"

说者无心，听者有意，在庞教头那里丢了面子的李财主认定了就是庞氏武馆的人所为，让大家去找庞教头，警告他约束一下自己的门徒。但是，让普通人去找一群练武的人说理，一般人是不愿意去做的。正在此时，相师却灵机一动，想出一个两全其美的主意来：冯子材武功高强，是武馆的依仗，假如我们趁着北海镇台募兵的机会把他弄出去当兵，一方面可以让这个"异人"有机会在战场上博取功名，另一方面去掉武馆的依仗，武馆就硬气不起来了。

　　好主意！听到这条调虎离山之计，大家纷纷称赞，于是决定公推李财主领衔写帖子给衙门，以便促成此事。

　　也许李财主他们本来没有什么太坏的心肠，只是想着打压一下庞教头的气焰，但是在清朝末年那种腐败无比的官场，好事都有可能变坏事，何况本来没安好心呢？

　　按照惯例，如果给衙门递状词是要由接到状词的知州西席先审阅，而西席早得到了爪牙的告密，认为其中有利可图。于是，西席和知州达成默契，准备趁着这个机会大捞一笔。三天之后，李财主得到人汇报：知州大人对于这个案件感到颇为棘手，要不是看在李财主的面子上就很难办了。而且，这个冯子材是案件中的嫌疑人之一，只要告诫一下就可以把他送去参军。但是，因为钦州相距目的地廉州有二百四十里，一般押解犯人都是要成批押送来节约经费，如果只押送一个人成本实在太高，而且政府近年来经费不足，实在难以办成……

官府的言外之意很明显，缺少经费。李财主心领神会，从屋里取出祖传的钦泥小花瓶一对，色泽光亮，雕工完好，而且用金玉包装，价值昂贵。钱能通神，有钱更是可以让磨推鬼，不过三天，冯子材就被送到廉州府衙坐牢了。

这可真是闭门家中坐，祸从天上来！好端端在武馆白天练武，夜里喝酒，却莫名其妙地成了阶下囚，人生的变幻莫测真实难以想象！又一次遭到无妄之灾的冯子材心灰意冷，差点就想在廉州府的牢房里"把牢底坐穿"。

幸好天无绝人之路，被贪官与豪绅联合陷害的冯子材又一次得到命运的垂怜，总算没有在廉州府的牢房待太长时间。那时候，合浦有个举人叫彭元辅，中举之后在族内地位大涨，于是提议族人一起捐款在廉州城内学前街建造了一个述古书室，方便族内子弟学习文化。这位彭举人在做成这件事之后就举家迁往廉州，在当地落籍，主持书室的日常运行。彭举人善于作诗，尤善骈文写作，附近地区的名门望族大都会求他撰写寿序、墓志铭等，所以每年能赚不少润笔，足够他补贴家用。

彭秀才为人不拘小节，豪放纵酒，是个在礼法之外的人物，而那时候廉州城有两个穷秀才，一个姓占，一个姓陈，放弃了老师的职业转而当礼生，经常向彭举人求教写祭文、婚丧礼制的知识，相处得特别好。果然是人以群分，物以类聚，两位秀才也是放荡不羁的人物，正好大家都喜欢叶子戏（一种游戏纸牌，最早出现于唐代，被认为是扑克、纸牌和麻将的鼻祖），就经常在书馆对面的轿馆中玩耍，图的就是一个清静，三缺一的时候还能拉个轿夫凑数，不求输赢，只为休闲。

廉州知府是个正牌科举出身，不是买官得来的无能之辈，性情急躁而大事不糊涂，但是小事上就不免有些随便。一天，知府调阅了钦州府的公文，知道冯子材犯的不是什么大事，当地居民这样做只是为了把冯子材打发去从军。再一问，知道没有真凭实据也不求把冯子材如何，就打算把冯子材发配充军。充军最好也要身家清白，于是知府就问冯子材在当地认识什么人可以作保。

冯子材哪里认识什么人，想了半天只能说认识自己的师傅"庞元付"。前面也说过，知府是个有些马虎的人，误把"庞元付"听成了"彭元辅"。彭举人可是当地鼎鼎有名的举人，于是知府也不敢苛责，就让冯子材回到班房等候命令。

等到冯子材回去，知府就派号房（旧时守门者的俗称）拿着请帖去请彭举人来一见。等号房到了彭家，才知道彭举人又去打牌了，于是就去轿馆找人。正在这时，彭举人牌运不佳，连战连败，根本没有听清号房的话，只是满口答应，让号房抓紧回去，自己随后就到。不久，彭举人牌运突变，连战连捷，于是忘乎所以，不知今夕何夕，竟然忘了自己答应了号房什么。

得到了号房的回复，知府就在县衙等着，可是可怜的知府大人在县衙等了半天，就是等不到彭举人。等得不耐烦的知府又派号房去询问，嘱咐号房如果彭举人有事不能到就让他把名柬交给你。于是，号房又找到了正在牌桌上大杀四方的彭举人，拿到了彭举人的名片。看到名片，大大咧咧的知府就批示"冯子材交给彭元辅举人保证参军，用名柬作为担保"，然后派号房带着冯子材去找彭举人。

等到了轿馆，几位牌局已经告一段落，正在喝茶闲聊，议论知府索取名柬的原因，这时候号房就带着冯子材进来了。看到号房带着的昂藏大汉，不要说彭举人不知发生了什么，就是冯子材也是丈二金刚摸不着头脑。号房把知府出具的公文交给彭举人，然后告诉冯子材眼前的彭举人是恩人，要他叩头谢恩。冯子材这才明白发生了什么——眼前的恩人为他作保，推荐他参军了。虽然不知道为什么无缘无故会有人帮助自己，冯子材还是知恩图报，下跪谢恩，把自己跟随钦州庞元付学武以及钦州知府送自己参军的事都说了出来。彭举人这才明白，笑着问道："我本名彭元辅，知府问你当地有没有认识的人的时候，你是不是以为是钦州本地？"

冯子材也明白发生了什么，原来自己说自己认识庞元付的时候，竟然被糊涂知府听成了彭元辅！将错就错，彭举人也不再追究这个疏漏，不仅为冯子材作保助他参军，还给了冯子材一大笔盘缠作为路费。从此之后，冯子材在军中步步高升，逐渐发展，以年过花甲之龄大破法军，成为流芳百世的民族英雄，也和这位彭举人的帮助密不可分。

第二章　崭露头角

镇压起义

鸦片战争后，清王朝的腐朽统治更加腐朽，社会矛盾严重加剧，加上外国势力入侵，鸦片进入中国，白银外流，社会矛盾越发激化。而鸦片战争中清军拙劣的表现和孱弱的战斗力无疑大大振奋了中国反清势力的信心，1842 年，湖北崇阳人、秀才钟人杰聚众抗粮闹事，攻占了崇阳、通城两座县城，起义队伍最多时达到万人。此后，浙江、湖南、福建、江苏、江西、河南、安徽、湖北、陕西、山东、广东等省份农民起义风起云涌，不能禁止。根据官方文献记载，从 1842 年到 1850 年的十年间，全国大大小小的武装起义和农民暴动事件，就超过九十起。而这些由农民们进行的起义暴动又进一步加剧了社会矛盾，进而引发了新的社会矛盾，以至于形成了恶性循环。

就是在这种农民起义风起云涌的情势下，冯子材已经长大成人，也娶妻生子，算是有了一个家。然而世事难料，道光二十八年（1848年），31岁的冯子材和友人外出做生意，在灵山县境内被天地会刘八部劫持。

天地会是当时一个影响较大的农民起义团体。冯子材被劫持之后，刘八惜他是个练家子，不仅没有加害于他，还盛情"邀"他加入天地会。因形势所迫，冯子材无奈，只能先假意加入天地会，再伺机脱身。

个人的能力总是难以对抗时势，正如无论冯子材多么有勇有谋也无法在乱世中明哲保身，但时势同样造英雄，乱世之中势必也一定会出现担起天下兴亡之大任的人。

冯子材最终从刘八军中逃脱后，靠自己的威势拉起一支部队，投奔了当地团总黄汝谐，被编为"常胜"勇营。总算成了正经的政府军官，但是，世事往往不尽如人意。

和当时腐败官场中大多数官员一样，黄汝谐是一个非常贪婪的军官，在一次战斗获胜之后，他不仅没有给予冯子材应得的奖励，还贪污了士兵的军费。

其实在当时，担任军官的将领吃空饷、贪污军费已经成了惯例，根本不值得大惊小怪。但是刚正不阿的冯子材却非常厌恶这种行为，他决心不再和这种人同流合污，转而投奔之前把他判给彭举人作保参军的廉州知府。

就在冯子材投奔廉州知府不久，就出事了——起义军围攻廉州。

对于普通人来说，战乱无疑是最可怕的，他会带走人的生命，人的一切，让一个人逝去他的亲人朋友。但是，之于一个军人，战争无疑是最能展现一个人的才能的平台，能否崭露头角、出人头地就看能不能立下战功了。

廉州知府早已经不记得他当年扶持过的冯子材了，但是冯子材却还记得当年那位帮助了自己的大人，是以他才愿意投奔廉州。知府在听冯子材说了当年的故事后也不由嗟叹，果然多行好事会有回报。

这时候，起义军已经把廉州府团团围住，他们要冲进城去，杀死知府，杀死官员，抢走那些他们因为被剥削而失去的财富。

冯子材带着亲兵巡视城头，看到了正在墙头上驻守的清军士兵。

真是孱弱不堪的士兵！冯子材看着身上没几块肌肉，手里的枪都拿不稳的士兵，面露鄙夷之色。当然，他也知道这怪不得士兵，清末腐败沉疴难起，吃空饷问题严重，将领们把士兵当作摇钱树，只想着怎么从士兵身上多榨取一点钱财，根本没想过怎么提升军队的实力。

可想而知这样做的结果就是一旦遇到战争，这种被腐败渗透了的军队就会不堪一击。大清帝国的军队不仅腐败，而且装备落后，虽然军队中火枪手与肉搏兵种的比例大致为一比一，但是冯子材亲眼看到士兵手里拿着的火绳枪上面写着"乾隆十八年造"。

乾隆十八年是 1753 年，已经过去将近一百年，但是这样的火枪却还在使用！更有甚者，清朝因为敌视火器的使用，火器发展缓慢，许多先进的技术都已经失传，以至于清军很多大炮竟然还是明朝留下来的！

这样的军队，谈何战斗力啊！冯子材叹息着，想起了几年前的鸦片战争，一向自诩为"天朝上国"的大清却在"蕞尔小国"的英国手下吃了败仗，动用了人家十倍以上的兵力却被打得节节败退，何等耻辱！

每每想到那场耻辱的战斗，冯子材都忍不住热血沸腾、怒发冲冠——他多么想带领一支强大的军队为国效忠、抵御外侮，可惜却只能对着普通民众下手，担任屠杀民众的刽子手。

再看看围困住廉州城的百姓们，哦，现在得叫逆贼——个个面黄肌瘦，可怜巴巴，哪有一点逆贼的样子。当然，虽然看起来可怜，但是一旦这些普通民众被有心人煽动，他们也会爆发出强大的力量，甚至有可能打败强大的政府官军。

职责所在，不能推卸，没有办法的冯子材只能执行朝廷的命令，与这些和自己同源同种的普通民众决一死战。

战争的具体过程注定是血腥而痛苦的，谁知道白日里英勇作战不曾退缩过的大英雄冯子材在无人的夜里会不会想着那些消弭在自己刀下的孱弱生命而辗转难眠，冯子材同样也是生于忧患，他更能理解城下那些所谓"逆贼"的人们悲壮而又无力的反抗。

成功保卫了廉州的冯子材获得了知府的嘉奖和朝廷的赏赐，官职得到了提升，接着，他又被调去广东高州清剿凌十八义军，因为作战悍勇，被赐予八品顶戴。

　　冯子材是一个毫无疑问的民族英雄，这一点是毋庸置疑的，但是我们同样要看到，任何事物都既有光鲜亮丽的一面也有丑恶不堪的一面，就算是冯子材这样的民族英雄也不能例外。冯子材一生中最大的污点在于长期镇压农民起义，而且屡立战功，手上沾满了人民群众的鲜血。

　　当然，即使是镇压农民起义也要一分为二地来看待，农民起义在客观上的确打击了清王朝的统治、表现了农民阶级的革命性和反抗性，但是缺乏正确领导和革命纲领的他们对社会造成了破坏。他们破坏统治，却不知道如何建立统治；他们掠夺财富，却不会生产财富；他们赶走地主，自己却成了新的地主——代代循环。黑格尔认为中国没有历史，有的只是不断重复的朝代轮回，虽然偏激，但也不乏道理。

　　是以，冯子材镇压农民起义的意义也就很复杂了：他在一方面的确杀死了很多无辜的百姓，造下了无穷杀孽；另一方面，他却维护了当时合法的政权的统治，使得清政府有更大的力量来抵御外侮。

　　冯子材就如同是在浑水池中的一尾游鱼，再怎么想洁身自好，也不得不吞入几口淤泥。

血战天国

谈论近代中国，有一个名词永远不能略过，有一群人注定要被我们提起，那就是太平天国，就是领导这场运动的那些领袖们。这个由广西金田崛起、带有宗教色彩的农民武装起义团体，凭借自己强大的信念和旺盛的士气席卷了大半个中国，撼动了大清帝国的根基。

在太平天国爆发之前，冯子材只是一个在钦州城讨生活的可怜的小人物，在太平天国爆发之后，冯子材却凭借镇压天国运动的战功一跃而成为握有实权的军界要人。目前史学界甚至有一种说法：没有太平天国就没有冯子材的历史地位。

不论是作为镇压农民起义运动的刽子手，还是清朝王朝的忠实守护者，冯子材与太平天国的关系都非常密切，因此，我们有必要梳理一下冯子材与太平天国的这一段历史。

咸丰元年（1851年）4月，竖起反清大旗的广东天地会领袖刘八率部众万余人进攻博白，冯子材被裹挟在其中。5月，刘八进攻博白失败，冯子材趁机拉出部众千人，投降廉州知县游长龄，并被改编为"常胜"勇营，期间积极参加镇压粤桂边界的农民起义军，不断积军功擢升至千总。而就在这时，广西提督向荣征召他一同镇压太平军起义，由此开启了冯子材与太平天国的恩怨纠葛。

冯子材跟着向荣一路追击太平军，却总是追之不及，一直追到了江南。1853 年 4 月，身为都司的冯子材带领广西军队随同向荣在南京城外孝陵卫建立了"江南大营"。江南大营的目的是制约建都南京的太平天国，但是却收效甚微，先后两次被摧毁（中间经过重建），太平军出入如无人之境。1856 年 6 月，江南大营第一次被太平军摧毁，冯子材寡不敌众，兵败回到丹阳。

根据《清史稿·冯子材传》的记载，"改隶张国梁，从克镇江、丹阳，尝一日夷寇垒七十余。国梁拊其背曰：子勇，余愧弗如！"冯子材原来是向荣的手下，后来归张国梁统领，跟着他攻克了镇江、丹阳，曾经在一天之内攻克了七十多座堡垒，张国梁高兴地抚着冯子材的背说："你很勇敢，我自愧不如啊。"

当然，有一点要明确的是冯子材虽然勇敢，但是他在和太平军作战的过程中并没有获得太多的战果：1856 年 9 月，太平军主将陈玉成、李秀成分别领军到滁县（今安徽滁州）乌衣，准备联合进攻清钦差大臣德兴阿的"江北大营"。和春派冯子材带兵五千渡江相援。27 日，双方在小店展开遭遇战，冯子材的军队几乎全军覆没，他仅带着三四百亲兵逃回江南。

1860 年 5 月，太平军又一次攻破清军"江南大营"，冯子材跟随江南大营次帅张国梁撤退到丹阳，结果又被太平军击败，张国梁在丹阳南门外落水溺死。事后，冯子材收拢残军，前往镇江固守。

在从咸丰元年投军入伍直到咸丰十年被委任为"督办镇江军务"的过程中，虽然屡次和太平军交战，但是冯子材所跟随的主帅向荣、和春都是些胆小无能之辈，这严重限制了他的军事才能的发挥。也正是因为"遇人不淑"，没能遇上左宗棠、曾国藩那样的优秀主帅，以致他经历了两次江南大营的溃败、咸丰八年八月和九年九月两次六合之败、咸丰十年七月赴援金坛之败，升迁缓慢，直到咸丰十年才因为主持镇江军务的京口副都统巴栋阿病重，冯子材成为镇江城的军事一把手。

在镇江城，冯子材凭借着他过人的军事才能，凭借不到一万的兵力多次打退数倍于己的太平军的进攻，保住了镇江孤城。他还多次上表申请主动出击，清政府已经被太平军打破了胆，生怕镇江有失，所以没有应允。

1864年7月，天京陷落，清廷论功行赏，大封"功臣"，冯子材也因为战功被赏穿黄马褂，封骑都尉世职，以此结束了他与太平天国的所有纷争。

关于冯子材与太平天国的关系历来众说纷纭，说法不一。有人认为冯子材不愧为清政府的忠实鹰犬，在任上多次主动要求进攻，还曾经一天之内打破七十多座堡垒，立下很大的战功；还有人说冯子材其实对太平天国心有同情，因为从他最后的封赏来看，这种奖励非但不丰厚而且寒酸——不仅不能和湘军、淮军诸将帅的赏赐相比，也不能与其前任上司向荣、和春、张国梁所获奖赏相提并论，而日后他在广西指挥对法作战，部下只要立下一点小功劳都可以获得黄马褂和骑都尉奖励。而这种寒酸，或许就是因为冯子材不忍，他不忍心对那些与自己有着同样血脉渊源的人们举起屠刀，像那些立下"赫赫战功"的清朝官员一样用同袍的鲜血染红自己的顶戴。

　　究竟是残酷镇压农民起义的刽子手，还是时势迫人英雄无奈之举，我们现在都已无从考证，百余年的历史云烟足够掩盖那些藏在书卷和故纸堆中的真相与事实，但是我们只知道，冯子材，这个三十多岁才入伍的老军人的确曾经手刃过自己的同胞，而他挥起屠刀时内心的情感，我们无从得知。

　　这就是人性的多面。英雄也不例外。

第三章 廉颇未老

逐步侵略

中国自古以来就是周边小国的"宗主国"，所谓宗主，总有一点天下共主的意味，而中国也凭借着自己强大军事经济实力和高度的文明牢牢掌控着周围的小国。可以说，这些小国就是中国的"屏障"和"缓冲带"，正是有了这些小国中国才能将外来侵略势力"御敌于国门之外"，不让本土受到侵扰。然而，自从西方侵略者夺取中国一个又一个附属国之后，中国国土就直接暴露在侵略者的屠刀之下了。

在与中国争夺附属国的国家之中，法国是其中野心很大的一个。19世纪下半叶，当时法兰西第二共和国执政的内阁开始图谋入侵越南。越南是中国的传统属国，山川相连，唇齿相依，可谓是唇亡齿寒。想要入侵中国的云南川蜀地区就必须通过越南，是以法国侵略者很早就开始筹划。

刘坤一（1830年1月21日~1902年10月6日），晚清湘军宿将。1891年受命"帮办海军事务"，并任两江总督

在当时，关于对法问题上，清政府内存在主站派与主和派两派。主战派又称清流派，是十九世纪七十年代清朝统治阶级内部出现的一个政治派别，其中以无实权的官僚（又称言官、谏官）、士大夫为主，他们经常高谈阔论、议论朝政、上书干政，对内主张弹劾权贵、反对腐败，对外主张坚决抗战、扬我国威，是清朝统治阶级内部除了洋务派和顽固派，湘系和淮系之外的另一个独立的政治派别。在法国入侵中国、越南的问题上，清流派们慷慨激昂，要求抗战，但是却又拿不出来切实有效的战略战术，只能是纸上谈兵，"想当然尔"。而出自湘系的左宗棠、刘坤一、彭玉麟、曾纪泽等人也主张坚决抗战，不能任由法国

侵犯我国南部地区，然而，这些人过度重视国家的军事力量而瞧不起，甚至于敌视人民群众的力量。比如刘坤一就曾经进言"由广东、广西遴派大员，统带劲旅，出关驻扎谅山省等处，以助剿匪为名，密定该国君臣共筹防法之策"，从广东、广西两省选拔重臣，带着强兵，出关驻扎在谅山省等处，以帮助剿匪的名义，和越南的君臣制定防备法国的战略。然而，由于这种主张没能发动人民的力量，也高估了清朝军队和官员的能力，只能流于空谈。

主和派的领袖是淮系军阀首脑李鸿章，是中国大地主、大买办阶级的代表人物，曾经担任直隶总督兼北洋大臣二十五年之久，可谓是权倾天下，一人之下万人之上。曾国藩去世后，清政府更加倚重李鸿章，高官显爵都荣归一身。

在越南战争时，他被派往广东督办越南事宜，广东、广西、云南三省的边防军都归他节制，但是他却不愿意赴任，因为一旦发生战争，势必会削弱自己淮系的势力！

担心损害自己权势的李鸿章不仅不愿意抗战，更是被洋人吓破了胆，他不断上书狡辩，在《密陈越南边防事宜折》中说，越南北圻等地土地贫瘠，万山环绕，加上道路崎岖，气候险恶，烟瘴终年不会散去，法国人怎么肯冒这种危险啊？

李鸿章毫不掩饰他出卖越南的打算，打算抛弃越南，换取法国人的青睐。而清廷中的慈禧太后在主战派与主和派之间摇摆不定，一方面觉得不打有损"大国威严"，另一方面又担心

慈禧垂帘听政处养心殿东暖阁

打败仗，还是妥协最好。在她的摇摆不定之间，法国人的侵略野心越发高涨。

李鸿章与法国代表福禄诺在天津签订了《中法会议简明条约》（又称《李福协定》），承认了法国对越南的统治并且答应了许多丧权辱国的条例。1884年6月6日，法国政府与越南（安南）阮朝皇帝阮福明订立《第二次顺化条约》，中国从此正式失去对越南的控制权。

1884年6月23日，根据福禄诺代表的法国政府的部署，一支八百人的法军到谅山附近的北黎"接防"，要求清军立即退回中国境内。但是，中国驻军仅接到李鸿章通知的撤军意向，却还没有接到正式命令（李鸿章一直没有接受法国提出的撤兵日期），不敢决定，要求法军向北京发电要来命令才能执行。

一向横行霸道的法军哪管这么多，自顾自地走进中国军队阵地，被逼近的清军被迫开火，造成"北黎冲突"（中国因称"北黎"为"观音桥"而称"观音桥事变"）。法军被打死二十四人，清军伤亡三百。法国政府和民间舆论大哗，一致认为中国背信弃义，撕毁条约。随即，法国照会清政府，要求将所有清军从越南撤出，并且赔偿军费两亿五千万法郎（约合白银三千八百万两）。清廷派出两江总督曾国荃于7月下旬在上海与法国使节巴德诺谈判，未有结果，双方重启战端。

决心继续侵略的法国将它在中国和越南的舰队合成远东舰队，任命孤拔为统帅，乘机分别开进福州和基隆，一面胁迫中国接受法国条件，一面准备随时发动攻击。

8月5日，法国军舰炮轰基隆，意图强行登陆，结果遭到中国督办台湾事务大臣刘铭传的顽强抵抗，不得不退回海上。接着，法国议会授权政府"可是使用各种必要的办法使中国屈服"，法国人拟定了新的条件勒索中国，要求赔款八千万法郎，分十年付清。清政府没有接受，于是中法外交关系正式破裂。

8月23日，法国利用先期驶入福州马江以内的军舰向中国船舰发动猛烈攻击，中国水师仓猝应战，顷刻间，战舰十一艘或沉或伤，官兵殉难者近八百人。之后，法国军舰又炮轰马尾船厂（福州船政局），将其击毁，还接连破坏了沿海的炮台防线等岸防设施。

自此，战火延烧至中国本土，三日后，即8月26日，清廷颁发"上谕"，谴责法国"横索无名兵费，恣意要求"敲诈勒索，索要军费，"先启兵端"先发动战争，于是命令陆路各军迅速出兵，沿海各地严防法军入侵。可以说，这道上谕实际上是对法国侵略者的宣战书。

大战在即，积贫积弱的晚清政府对抗风头正盛的强大资本主义法兰西，谁能挽狂澜于既倒，扶大厦于将倾？

赋闲在家

世界局势一片风起云涌，整个大清国都笼罩在一种"山雨欲来风满楼"的低沉气压之中。而此时的冯子材并没有担任高官要职，而只是一介平民，整日养花弄草，含饴弄孙，如同一个赋闲在家的平凡老人。

事情还得从镇江说起。在镇江战役结束后，冯子材被封为广西提督，负责广西一省的军事。等他刚回到家中处理事务，准备在三个月的假期结束后上任时，却被朝廷紧急召回。原来，自从太平军北上后，官府对于平民的压迫和剥削越发严重，加上前文讲过的广西一向是吏治腐败地区，是以人民受到的压迫越发严重。1852年，广西新宁州渠卢村（今属广西扶绥县）的附学生员（秀才）吴凌云，因为不堪贪官污吏的迫害，在新宁州属的东罗圩聚众揭竿起义，附近各地的会党（民间组织）纷纷起兵响应，攻州夺府，声势浩大。初期，起义军势如破竹。1861年，吴凌云在太平府建立延陵国，自称延陵王。树大招风的吴凌云成了清军追剿的重要目标。1863年，吴凌云战死，其子吴亚忠继承"王位"率领余部撤退到归顺州（今广西靖西县）坚持反清斗争。

吴亚忠以四面环山的三台山为根据地，一边生产，一边守御，并伺机分兵出击，占领州城四周的村圩，不断扩大地盘、兵源和粮饷。清政府在镇压了各地义军反抗后，调集大军围攻吴亚忠义军。但是，当时的广西军队在重重腐败之下已经兵无战心，根本打不了仗，急需一位经验丰富的军事将领，于是就提前把冯子材召回军中。

按照清朝制度，广西巡抚虽然在品级上比一省提督要低，但是清朝一向文官节制武官，而且在行政设置上也是巡抚高于提督，所以接到文书的冯子材也不敢在家休闲，只能抓紧时间上任。

当时的广西巡抚是刘坤一（字砚庄，湖南新宁人），早年跟随曾国藩的湘军，与太平军为敌。咸丰年间因追剿石达开而在广西为官，后来逐渐提拔为广西巡抚。为了笼络冯子材，刘坤一对于冯子材以礼相待，不仅降阶相迎，而且还特别亲热。等寒暄过了，刘坤一才告诉冯子材这次事情的复杂之处——要处理和越南的关系。

冯子材出生在毗邻越南的广西钦州，小时候就耳濡目染两地居民来往，并未觉得有什么问题，等到刘坤一向他解释他才明白。原来，中越两国山水相连，唇齿相依，自从宋太祖开宝三年（公元970年）越南丁氏王朝向中国请求册封以来，中越两国之间存在着长期的传统宗藩关系。清朝取代明朝之时，越南黎氏王朝主动送回明王朝所赐印玺，要求清王朝给予新的册封，康熙帝改封为安南国王。

嘉庆年间，阮福映立国，仍循旧例向清政府请封，由嘉庆帝封为越南国王。然而近些年中国衰落，外敌入侵，中国在越南的影响力日趋薄弱，严重影响到这种宗藩关系的维护。而朝廷却特别看重这种关系，因为这关系到朝廷颜面。这次吴亚忠所部农民军数万人，胜则踞守在广西顺州的镇安，败则退到越南的北圻，忽进忽退，出入无忌，越南政府出动武力镇压，请求清朝援助。作为宗主国，自然有义务援助藩属国，是以清朝命令广西速速出兵，一定要尽快镇压起义。

听到刘坤一的解释后，冯子材当即表示要早日清除叛贼，报效国恩，一时间宾主尽欢。除此之外，刘坤一还推荐了太平知府徐延旭作为助手，手头缺人的冯子材就将他收下。

对于盘踞在越南地区的起义军，冯子材原本的打算是招安，能够不造杀孽是最好的。然而，起义军领袖吴亚忠誓死不降，不仅如此，还率领农民军东躲西藏，就是不和官军正面接战。无奈之下，冯子材只能出兵进攻。这次军事对抗断断续续打了一年多。吴亚忠战死之后，他的部将刘永福、梁天锡等人就打算投降，而冯子材也愿意接受投降，准备把起义军汰弱留良，不愿意当兵的就发给路费返乡。

本来可以是一个皆大欢喜的结局，然而却出现变故。最先投降的是一名名叫梁天锡的起义军领袖，冯子材让他先率领部下入关，自己继续留在越南安抚剩下的农民军。谁曾想，刘坤一推荐的徐延旭却和梁天锡有仇，徐延旭担任太平知县的时候曾经与梁天锡交战，被打得一败涂地，差点把命都丢了。这种大仇自然不能不报，于是徐延旭公报私仇，要求农民军战士把所有财物都上交，不然就是无意投降。

梁天锡自然看得出这是公报私仇的伎俩，于是心怀愤恨，与徐延旭发生了冲突。后来冲突不断升级，愤怒的梁天锡又率兵反出镇南关，与尚且没有被招降的黄崇英的农民起义军会合，重新与官军对峙。至此，冯子材的一番苦心付诸东流。

一听到徐延旭逼反梁天锡的消息，冯子材勃然大怒，想要立刻把徐延旭问罪，只不过考虑到战事没完，只能搁置一边。早在攻打太平天国担任镇江军事长官时，冯子材就被清廷授予专折奏事的权利，可以不经过直属长官直接上奏弹劾官员。战事结束后，冯子材考虑到徐延旭只是在他属下临时任职，打算先和刘坤一商量之后联名弹劾。

谁曾想，徐延旭却是刘坤一的亲信，刘坤一在此事中不仅不责备徐延旭，反而怨恨冯子材多此一举，弹劾他信任举荐的官员。而且，吴亚忠起义军已经被官军剿灭，刘坤一不日就可以升职，不需要再倚靠冯子材。就这样刘坤一摆出一副冷脸，再无以前的礼贤下士的态度，以徐延旭"人才可惜"为理由，不愿意弹劾。

对刘坤一失望的冯子材回到柳州提督衙门，自己署名上奏弹劾徐延旭破坏剿匪大事。清廷收到折子后下旨，要刘坤一"确切查明，据实具奏，毋稍拘隐"，查明具体情况，不得隐瞒。刘坤一胆大包天，直接复奏称："徐延旭历任要地，防剿有功，遵查被参各款，查无实据。"

被刘坤一蒙蔽的清廷因此回复冯子材："徐延旭被参款既无实据，著无庸议。"不久之后，在刘坤一的保荐下，徐延旭耀升为湖北荆襄郧道。

直到这时，冯子材才看清楚了官场上的官官相护，出于义愤，冯子材立刻上奏称病告假，不愿意再为刘坤一这种小人卖命。这可正中刘坤一下怀，他立刻让自己在湘军时的亲信，以道员身份候补的赵沃接替冯子材统领边境军队。

冯子材这一病就是五年之久，直到刘坤一升任两广总督，赵沃处理李扬才反叛的事情处理不力被贬官，冯子材才于1878年得以重新执掌边军统率权。

本来，好不容易重新执掌边军统帅权，冯子材应该知道要"好好"做官，不要生事了，可是耿直的他没有这样做。此时，冯子材查出赵沃有谎报军情、冒称军功的罪行，于是立刻上奏朝廷进行弹劾。哪里知道，当他出兵扫除了蹿入越南境内的李扬才起义军凯旋时，新任广西巡抚张树声却以赵沃"功过足以相抵"为由将赵沃继续留在官场效力。一向性情刚烈的冯子材一点都不怕得罪人，立刻上奏朝廷进行弹劾，却被清廷驳回。

这时，冯子材才明白，张树声的反应和刘坤一如出一辙，他们只是趁机安插自己亲信，扩展势力。光绪九年（1883年），冯子材听到清廷有意任命徐延旭为广西巡抚，无奈之下只能告病辞职，回到故乡钦州，暂时结束了长达二十多年的提督生涯。而这时候已经升任两广总督的张树声，则保荐黄桂兰接任冯子材广西提督的职位，与徐延旭、赵沃一负担起援越抗法的重任。一代良将最终被雪藏。

但这段赋闲在家的时光对冯子材来说或许正是一个沉淀的过程。经历了大半生的厮杀，见惯了清末官场中的种种糜烂与腐败，看尽了同胞百姓走投无路的惨状，这个时候的冯子材，已经看透了这个羸弱的王朝最终的命运，明确了谁是自己真正的敌人，知道了自己手中的剑到底该刺向何方。

卧龙于野

赋闲在家的冯子材并非对法国的侵略毫无察觉，早在光绪五年（1879年）冯子材率军援越，攻打叛变后转入越南并声称要夺取越南江山的叛将李扬才时，就已经同当时已驻扎在越南北圻、河内等省的法军和法国侨民有所接触。冯子材对于法国侵略者的侵略行为早有预料，他曾向广西巡抚张树声请求派人到河内侦察，得知了侵越法军准备大举北犯的情报："据河内探报，有洋人欲取越南河内、北宁等省，用火船暗运军器，交与南地各省礼拜堂。多有洋兵驻扎西贡，听候此处声气等语。"

根据来自河内的谍报，有洋人打算谋取越南的河内、北宁等省份，使用火轮船运输军事器械送到各地的礼拜堂。有很多法国兵驻扎在西贡，探听这些地方的情报。

可惜的是，广西巡抚张树声胆小怕事，根本不敢和法国人发生冲突（这也是绝大多数清末官员的通病，畏惧洋人如鼠，对付自己人如虎），严令军队不许干涉：提督要约束部下，不要和洋人发生冲突，尤其是不能由我们先发动攻击。请冯子材派人探听情况，快快回报。

无独有偶，两广总督刘坤一的反应也差不多，在七月初七日致张树声的信函中，他是这样说的："我已经得到类似的消息了，早在冯子材率军进入越南的时候，总督就害怕他和法国人产生矛盾。越南国王昨天发来信件，也说冯子材的军队在经过河内等省份的时候和法国人发生口角，被他们拘押。我已经分别进行了咨询。目前法国人既然要为难越南，那么冯子材的军队更应该退避三舍，表示我们是来讨伐逆贼而不是滋扰法国人的。这是最好的说法，我想冯子材也能体会其中的意图。"

所谓兵熊熊一个，将熊熊一窝，统治者的无能往往会导致群体的无能，晚清这个由绵羊统帅的狮群注定了不可能同日渐上升的欧美列强争雄。刘坤一、张树声等人面对步步紧逼的法国殖民者不但不考虑如何反抗，反而命令部队不许反抗挑衅，这简直是鸵鸟行径！

上级官员的不作为和法国侵略者的暴行让冯子材非常愤怒，

他虽然不能进行反抗，却暗自考虑应该如何反击法国人的侵略。在冯相钊的《追述战胜法兰西始末》，也记载了冯子材对法国侵略势头的预感和在讨伐李扬才之后积极备战的情形："我家先祖（指的是冯子材）在北宁驻扎时，就已经感到安南（即越南）被法国人迷惑，于同治元年擅自签订了《西贡条约》，将下交趾割让给了法国人，允许他们在富良江上任意航行。有些明白事理的越南人因为饱受法国人压迫，请求先人假借镇压叛乱的名义驻扎北宁，伺机保护越南。越南本来就是中国的藩属国，外交事务理应由中国来主持，安南国王竟然在不上奏朝廷的情况下私自和法国人签订条约。等到他们受到的压迫太过沉重，没有办法解脱的时候，才想着借刀杀人，但是又不能把实际情况奏明朝廷。我家先人奉旨班师回朝，又怎么能答应他们的请求，只能先撤兵入关，回到柳州的官署。但是既然已经知道了法国将要灭亡安南，也不能坐视不管，而且中国一向保护周边小国，不会容许法国人吞并安南，所以中法之间必然有一战。考虑到法国人的洋枪洋炮特别厉害，我们的枪炮根本比不上，应该考虑别的战胜敌人的方法，以拙胜巧，或许可以获得胜利。只有让士兵练习大刀的使用方法，挖掘壕沟，等到敌人接近之后和他们短兵相接才可能获胜。（冯子材）于是让全军将领捐出养廉银（就是高级将领的补贴），雇佣铁匠采集上好铁矿，造出锋利的大刀一千多柄，挑选手脚灵敏身体强壮的士兵训练，以能够在地上伏地行进而且矫健如龙为上，能够跳过八尺壕沟的人次之。（冯子材）还用觉得从前用白布裹住火药好像缠鞭炮一样的火药包没用，只能让敌人警觉，又用造了许多陶土瓦罐，里面装满火药，外面穿孔，插上香炭作为燃煤，旁边有环，以便穿上绳携带。等到投掷时罐子破裂火药爆炸，叫做先锋煲，专门用来冲击壕沟。当时有人当作是废物，但是先人却以为是日后用来对付法国人的利器。"

由此可见，冯子材不仅仅是一个具有爱国心和军事才能的将领，更是一个颇有远见的战略家。假如不是早做预备，就凭中国军队的战斗力估计很难战胜法国军队。

和那些坐在官署里面喝茶、只顾升官发财的清朝老爷们不同，冯子材无法对法国人的野心置之不理，甚至义无反顾地拿出自己的养廉银来为军队制造大刀。

冯子材默默地做的这一切，是他身上的使命感在驱使着他，这个六十余岁的老人身体里奔腾着滚烫的青春血液，他知道，他生命中真正的"青春"，即将来临。

慷慨请行

光绪九年（1883 年）十二月，法国侵略军悍然向驻扎在北圻的中国军队发起进攻，中法战争正式打响。

第二年三月，北宁失守，前线指挥官、广西提督黄桂兰畏罪自杀。清政府手忙脚乱，匆忙调兵遣将之余，才想起冯子材这位熟悉边情的老将。

清政府派来请冯子材出山的是湘军宿将、以兵部尚书衔署理对法战事的彭玉麟，而这可正中了冯子材的下怀。其实冯子材不愿意出战只是因为恼怒张树声等人的行径，而他出于军人保家卫国的天职是非常愿意领兵出战的，即使他已经是六十多岁的高龄。

六月，因抗法事宜刚调任两广总督的张之洞曾给冯子材写过一封信，就请求冯子材率军袭击法国占据的越南广安、海防一事征求他的意见：法国人背信弃义，依仗着自己的军事实力要求赔款，而且特别贪心，赔款多达一千多万。即使美国人在其中调停也充耳不闻。他们最近已经夺取了我国基隆的炮台，还纠集军舰占据福建海域，而广东是福建的近邻，防御事务是最为紧急的，一旦中法决裂，我们一定要有能够抄略敌人后路的军队，这样他们才会有所顾忌，不会倾巢而出骚扰我国沿海地区。

钦州的民兵团练在您的训练下已经有所成就，兵精粮足，我想请您抓紧训练，充实军官团队，一旦事情紧急，就可以派遣精锐的士兵两三营，配给好军火，攻击敌人的广安、海防等地，只要我们大张声势，就可以起到牵制敌人的效果，就是不知道钦州团练是否可堪大用？军械够不够使用？大概需要几营兵马？道路有多远？应该从海陆走还是翻山越岭？能否就地征集粮草？能不能保持和后路的联系？当地的居民能不能为我所用？广安的敌人有多少部队，又有多少炮船？希望您仔细考虑一下这件事，画出地图来赶快回报我，一旦成功就是不世奇功。您老于行伍，经验丰富，熟悉地形，是最好的人选，希望不要让我失望！

这时候的冯子材已经听闻张树声、徐延旭遭到朝廷惩处的消息，后顾之忧尽去，接到信后，兴奋不已的他立刻回信：法国人自从去年入侵越南以来，一直没有遭到挫折，所以肆意要挟，没有顾忌。为今之计，与其通过偷袭的手段牵制他们，扬汤止沸，倒不如大举出击，直接打败他们，一劳永逸地解决问题。而且两广的士兵向来以骁勇善战著称，我前几年三次出兵越南获得成功，依靠的都是他们。而且，两广的士兵在越南没有水土不服的问题，熟悉地理人情，非常适合，正合了古人所言'因地用人'的法门。而我侥幸已经病愈，如今得到您的信任，委托我对付法国人，我要说一下我的主张。现在不如把关外还没遣散的士兵调到谅山、海阳交界之的宣安州，并且派我在驻地募兵，连同关外军队一共召集一万五千人，都交给我来统领。假如后勤能够保证，我就有把握战胜敌人。

这是一场比冯子材之前打过的任何一场仗都更加困难和艰巨并且危机重重的战争，但冯子材却感到了一种从未有过的释然。这是一场为国家为民族而打响的战役，他的敌人，再不是自己的同胞，而是犯我家国的侵略者，这才是作为一名军人的真正使命。

彭玉麟手迹

预备南征

冯子材请行的书信已经送出，但是却迟迟没有得到回复，这就给冯子材的心里投下一缕阴霾。他老于行伍，自然知道这种情况无非两种原因：要么是战事顺利，大获全胜，根本不需要他来带兵出战，所以没有回信；另一种原因，就是清军大败亏输，被人打得毫无还手之力，只能重新布置。

果然，从彭玉麟的嘴里，冯子材听到了他最不愿意听到的坏消息：法军自北宁大败援越桂军后，派出海军上校福禄诺代表法国政府，与清政府的全权代表、北洋大臣李鸿章签订了又一份丧权辱国的《中法简明和约》。然而，和约墨迹未干，法军就无理进攻驻守越南观音桥的清朝军队，挑起事端，在遭到还击后，恼羞成怒的法军悍然撕毁合约，要求赔款，在得到拒绝后，竟然凭借其海军优势强占基隆，炮轰马尾造船厂，歼灭中国的福建舰队，并企图骚扰直隶，威胁京师……

简直是奇耻大辱！冯子材拍案而起，慷慨陈词道："法国人欺人太甚，妄动刀兵在先，撕毁和约在后，简直不顾国际条约，真是虎狼天性！"

冯子材在被告知朝廷有意启用自己之后，立刻向彭玉麟请行："我虽然年过花甲却宝刀不老，给我三十营一万五千兵马，我一定可以打败法国人！"

就这样，被雪藏了近十年的老将军终于重回战场，得以披挂上阵，为了自己的国家民族作出贡献。

当时朝廷的战略是从云南、广东、广西三省调集军队，分出兵三路出击，云南岑云阶率领万余人出宣光，入山西；广西潘琴轩带桂军八十营数万人出谅山，取北宁；广东则出击广安、海防，然后会师河内，驱逐法国人。

这个计划看似美好，却是难以实行，是以冯子材立刻提出异议：广东军队的行军路线都是沿着海边行进，容易遭到法国军舰攻击，而中国南海海军早已经全军覆没，根本谈不上掩护，一旦一路被歼灭，其他的两路大军就很难呼应，最后只能是狼狈撤军，最后还有全军尽没的危险。要知道，清朝当初和明朝交战，就是利用明朝兵分多路的漏洞，逐个击破，积小胜为大胜，成功打败强大自己无数倍的明军，更不用提本来就兵强马壮的法国人了。

历史虽然不能假设却可以推演，倘若真的按照朝廷的计划来办，恐怕没等到云南广西到达河内，广东的军队就已经被法国人截断后路，最好的结果也是死伤惨重。

是以，冯子材建议合三路为一路，不要和法国人的小部队交战，集中兵力进攻北宁、河内地区，直取腹心要害之地，更容易有所成就。

彭玉麟听了老将军的建议后表示同意，请求冯子材先行募兵，他要与张之洞商议后再确定战略。

于是，冯子材召集了他往日的部下，吩咐部下们到各地募兵——冯子材和湘军颇多联系，是以募兵方式也和湘军类似，他的部队都是将领们自行募集，募得多官就大，招的兵少官就小，士兵相当于将领们的私产，这和东晋时期的"部曲"颇为类似。这样做自然不无好处，士兵们这样就成了将领升官发财的依仗，将领们也会因此更加爱惜士兵，彼此会有更紧密的联系，能够有效提升战斗力；但是，这样一来，士兵就不再是朝廷的士兵，成为了将领们的直属部队，只知道有上司而不知道有朝廷，忠心根本无从保证。自然，已经内忧外患的清政府根本没有选择的权力，只要能应付战争就可以。而且，冯子材在选拔军人时喜欢要那些官职卑小、年富力强的人担任军官，因为官职卑小就要奋勇杀敌，年富力强则有力杀敌，是以军队战斗力会更强。萃军（冯子材字萃亭）能够取得多场胜利，与这个选拔制度不无关系。

打虎亲兄弟，上阵父子兵，冯子材在准备出征时还带上了自己的两个儿子。冯子材年轻时家境贫寒，工作所得工资仅够糊口，根本无力娶妻，等到投军之后，官职渐升，俸禄渐多，才在四十多岁娶了妻子。他的三任妻子（前面两个均壮年夭亡）先后为他生了九个儿子，三个女儿，长子文弱不武，考取了州学附生，次子早夭，唯有三子和五子从小就喜欢舞刀弄棒，身体健壮，颇有乃父遗风。在得知可以带兵杀敌之后，冯子材就准备带着两个儿子上战场，以便有机会让他们子承父业。

虎父无犬子，早在光绪五年（1879年），冯子材应邀入越剿灭叛将李扬才，在攻打水岩时，官兵伤损过重，都想撤退。冯子材就命令年仅十三四岁的两个儿子手持令箭到前线督战。见到将军把小儿子都派出来了，将士们无不奋勇争先，浴血杀敌，一举攻克敌寨。事后，两个孩子都被赏赐了同知头衔（无实权）并且戴上了顶戴花翎。

虽然说这么小的孩子这么早就能拥有这种殊荣，和他们父亲冯子材的影响不无关系，但是我们也应该看到，十三四岁的孩子能够在枪林弹雨面前面不改色，督战士兵，也算得上是英勇了。而后来在镇南关战役中他们和父亲一起战斗在最前线，毫不畏惧，可以称得上是勇武之士。

冯子材给了部将们十天的时间募兵，虽然募兵只需要十天，但是想要把这些只学过一点拳脚，除了爱国热情什么都没有的青年们训练成合格的士兵却要花费一番功夫。好在冯子材老于行伍，善于训练士兵，他和部下们手把手地从头教起，不辞劳苦，不畏艰辛，从如何列队、出队、收队、站岗、执勤、使用武器乃至于听从命令和配合作战，全都一一讲授。冯子材可谓是"平时多流汗，战时少流血"的坚定拥护者，不仅注重体能训练，要求士兵每天跑步锻炼，能够在战场上疾行如飞还注重军事技能训练，不仅要求士兵个个善于使用青光刀、先锋煲（即前文提到的土炸弹），还要他们枪法不凡，能够在百步远的地方射穿茶碗。

对于第一次担当营哨官的军事将领，冯子材以身作则，以自己的亲身经历教导他们应该如何带兵打仗：每次拔队启程前，营哨官都要派人预先打前站熬粥煮饭，便于后来的士兵充饥，每天宿营时还要带队勘察地势，确定行营安排，督促士兵们挖掘水沟，修筑土墙，搭起帐篷，次日五更饭饱，还要拆收帐篷，列队点名……

就这样，在冯子材的训练下，一支新募集的军队逐渐成长，成为了一支颇具战斗力的部队。

越南险情

在冯子材带兵出关的时候，越南的形势可以用岌岌可危来形容：在越南北部战场上，法国殖民者的主要目的是打通往广西进军的道路。云南地区有刘永福的黑旗军守卫，他们在保胜地区建立了"抗法根据地"，牢牢把守着这个地方，给法国人的进攻造成了很大的阻碍，是以法国人转变了进攻方向，决定从广西方向入侵中国。

刘永福（1837~1917），清末民族英雄。1883年率黑旗军参加中法战争，屡次大败法军

在广西抵抗法军的清军主将是广西巡抚潘鼎新，一个以镇压太平天国起家，出身湘军的官僚。在徐延旭因为作战不利被撤职后，他投靠了李鸿章，得以被保举为广西巡抚。他坚决执行李鸿章的

政策，对法军实行"不抵抗，不反击"政策。

广西境内已经"游勇水路肆掠难民，逃军蔽江而下，关内大震。沿江自南宁、梧州、浔州达于桂林，无不惊扰，纷纷告急请兵，南宁戒严"，这就是典型的敌人还没到自己就先乱了，游兵散勇不是对抗敌人，反倒到处劫掠人民，逃跑溃散的军队沿江而下，弄得一省不安。从南宁、梧州、浔州再到桂林无不惊慌扰动，纷纷向省城告急，请求派兵驻守。

可以说，这时候的广西简直就是熟透了的果子，只要法国人轻轻一打，就会全境陷落，而这一切都和这位潘鼎新潘大人脱不开关系！

打仗说打也好打，只要大家上下团结一心，共抗外敌，敌人就算是有三头六臂、坚船利炮也要费一番功夫，不能轻易取胜；要说难打也难打，内部倾轧，不能把力量集中到一起来用，几乎就不可能形成有效的抵抗力量。这时候的广西可谓是内忧外患，内有潘鼎新这种不思抗敌、到处拖后腿的"战友"，外有如狼似虎、早就垂涎中国财富的法国侵略者。兵无战心，主帅不思抵抗，这局势真是糟到了一定程度！

而这时候，就轮到冯子材出马了。

冯子材在编练好军队之后，迫不及待地带兵出战，因为钦州到广西关外没有可供大队人马直行的大道，他只能绕道上思等州县进军。那时候可没有现在的国道省道，很多地方还是青石板路，差一点的地方就是泥巴路，晴天尘土飞扬，雨天泥泞难行。冯子材带着萃军就在这种路面条件极差的情况下翻山越岭，迂回绕道，逢山开道，遇水架桥，晓行夜宿，终于在花了两个多月的时间之后来到龙州附近，而这时候已经是光绪十一年（1885年）正月中旬了。

按照原来商定好的计划，萃军应该先是原地休整半个月，然后等候命令出发，准备去前线抗敌。然而，还是在行军途中，冯子材就先后接到督办关外军务的广西巡抚潘鼎新的传书，先是要他从爱店隘绕道走那阳境内，准备保护楚军王德榜部队的后路；没过几天又有命令要他抓紧到达南关，援救在谅山的部队；又过几天，又命令让他暂时驻扎在龙州，随时听令。这样的朝令夕改，一日多变让人无所适从，也让萃军的将领们议论纷纷——本来已经行军多时了，却这时要转换方向行军，这不是玩弄人吗？虽然如此，冯子材也深刻感受到了前线的军情紧急。

这天，萃军终于抵达龙州附近外，而这时候天色已晚，眼看天就要黑了。冯子材爱兵如子，生怕士兵受累，让军官们抓紧安营扎寨，自己吃过晚饭后，顾不得休息，带着亲兵前往龙州，希望能得到前线的情报。

龙州本来就是一个小城镇，人口不过刚刚过千，还经历过潘鼎新大人的军队的劫掠，可谓是家无余财、穷困至极。冯子材触目所及除了低矮的茅草房便是破旧的平房，没有半点富裕的迹象。

冯子材带着亲兵准备去探听消息，可等到他进入镇内，却发现这座小镇好像死去了一般，阒无人声，死寂一片。

"莫不是法军已经到达了这里，将这里的人民屠杀了？"冯子材暗暗心惊，连忙让亲兵准备戒备。整座小镇虽然能看到星星点点的灯火，却没有半点人声，这让饱经战阵的他也不免有些奇怪。

等到他走到镇外的坟地，冯子材终于明白了为什么——这里的人们都来祭奠一个人了！

原来，一名名叫杨玉科的将领在前几日的战斗中壮烈牺牲，龙州的人民正在祭奠他。在场的有杨玉科的儿子和部下，在认出了冯子材后，他们将杨玉科牺牲的经过讲了出来：正月初九，因为潘鼎新的不抵抗，法军轻而易举地攻克了谅山，趁着大胜的余威，也带着对中国人的轻视，法国人倾巢而出，直逼镇南关。这个时候，桂军已经兵困马乏，无力再战，而法国人却是精神饱满，后勤丰富。驻守在观音桥的杨玉科闻讯，立刻决定不能将友军置于险境，带着广武军飞速驰援，没等向潘鼎新报备就开赴文渊拒敌。

杨玉科正在这里架设阵地，法军已经杀了过来。看着法国人急速冲锋的身影，听着法国人轰隆震响的大炮，杨玉科立刻命令部将分头御敌。

然而，虽然战士们的战意高昂、士气如虹，却抵挡不住法国人的攻势。激战中，记名提督余洪胜、副将周开泰、游记刘映丰等二十二名军官阵亡，士兵死伤无数，阵地大部分被法国炮火击毁，形势非常危急。然而，杨玉科依然不惧，策马来回在军中巡视，亲自督战。正在他往来指挥的时候，一颗炮弹在他脚下爆炸，炸断了杨将军的两条腿！等到左右士兵赶来救援他时，他已经血流如注、面色如纸。杨玉科此时却慷慨激昂地对将领们说："我一死不足以报国，你们仍要同心协力，痛击蛮夷，为国家早日除患，这样我就是死也死得其所！"说完就因伤重不治而离世。

受到杨将军忠义感动的将士们拼命抢回杨将军的尸体，且战且退，回到了龙州。因为感动于杨将军的伟大情怀，龙州百姓们自动前来哭灵，以致全镇千人空巷，宛若鬼城！

冯子材颤抖着双手，慢慢揭开盖在杨玉科身体上的白布，只见杨将军面色宛如生前，只是横眉怒目、虎眼圆瞪，一副有心杀敌无力回天的样子。再看他膝盖以下，已经完全被炮火炸飞，只剩下半截身子，说不出的凄凉，说不出的刚烈！

冯子材默默地盖上了白布，朝着杨玉科的尸体深深行了一礼，大家见状也急忙跪下，一时间场内响起了阵阵衣服摩擦的声音。

"杨将军！你我相交莫逆，曾经一同抗敌，可谓是生死之交！而今你先我一步而去，我却还在此苟活，在你面前竟有些汗颜！逝者已矣，生者更当奋发，我冯子材在此发誓，定要率兵驱逐法人，壮我山河，定要收复国土，扬我国威！"冯老将军须发皆张，在杨玉科灵前庄严发誓，"驱逐法人，壮我山河，收复国土，扬我国威！"

"驱逐法人，壮我山河，收复国土，扬我国威！"听到冯子材的话，在场将士们一起大吼，气吞寰宇，声震天地！

大将受封

1885年2月，军队还在行军途中，冯子材骑在马上，望着眼前似乎永远也走不完的路，饱经风霜的脸上满是忧色，冯子材想着想着，不由得叹了一口气："国事难为啊！"

"大帅，您为什么还这么担心呢？我们在钦州招了十营兵马，又在上思招了八营，兵力已经充足，完全可以和法人一战，有什么可以担心的呢？"随行的杨瑞山看到冯子材唉声叹气，不由得问道。

"我担心的不是法国人。就算是法国人的洋枪洋炮犀利无比，我们也有办法可以克制，我担心的是自己人啊。"冯子材没有转头，只是幽幽地看着天空："自从我参军以来，已经三十五年了，这战场上的事情也看得明白。多少败仗根本不是因为打不过敌人，而是因为自己人坑害自己人！我此行抗法，不怕法国人火力强大，只怕自己人不能精诚合作，结果相互倾轧，不能同心合力啊！"

闻言，杨瑞山也沉默了，想了半天，杨瑞山终于憋出一句话来："大帅，您资历深厚又老成谋国，其他人敬服您的资历也会听您调配的。"

"瑞山，你不必安慰我了，我现在也想通了，只要做好我应该做的事就好，至于其他就以后再说吧。"好像是想通了，又好像是认命了，冯子材不再叹气。"天马上就要黑了，你派人快去安排好安营扎寨的事情，不能让士兵们摸黑行军。"

正在说话时，却有人从后面赶了过来，原来是冯子材的三子冯相华："父亲，父亲，天使来了啊！"

这里的天使可不是长着翅膀的那种天使，而是"天子使者"——专门传达天子信息的太监信使。

"这次又要改命令了吗？这朝令夕改可不行啊。"冯子材还以为是要修改行军命令的，呵斥儿子道："你也老大不小了，怎么来一个天使就激动成这样？回去好好反思！"

"父亲，不是啊，这次不是来改行军命令的，这次是要让您升官的啊！"冯相华激动得有些语无伦次，"还赏给您一把龙头大刀，可以先斩后奏！"

"啊，大帅，这是好事情啊。"杨瑞山听到之后也是大喜，"有了这把大刀咱们就不用担心别的军队的将领不听指挥了，他们敢不听话就直接砍了他们！"

"这个待会再说，先随我去面见天使！"冯子材两眼眯着，嘴角挂着笑，也是开心不已，"好啊，有了这把大刀我就更有把握打跑法国人了。"

从京城赶来的天使已经在后面等候多时了，他矮胖身材，一张胖脸，显然是养尊处优已久，身边还跟了几个侍卫，个个膀大腰圆、身高体、浑身披挂，威风还是不小的。不过他的衣服已经有些污渍，显然是这几天在这种山道吃尽了苦头。冯子材离得老远就下了马，快步走上去："天使远道而来，冯子材在此恭候。"

"冯将军，您这次可真是圣眷正隆啊，皇上和太后特地命我来给你传旨。"太监看了看自己的衣服，因为连日来赶路已经变得非常破旧，"您日日在这种地方行军，可真是艰辛啊，您看我的衣服，都脏成这样了。"

"天使晓行夜宿，子材感激不尽。"冯子材连忙转过头去，"相华，还不去给天使大人准备点换身好衣服的钱？"

冯相华早就有所准备，一听冯子材说便拿出一包金银来，"父亲，我早就备好了。"说着，躬身走到太监身旁，"大人，您勤于王事，顾不得自己，我都替您心疼。这只是一点小心意，给您换身衣服，还请您笑纳。"

太监理所当然地拿了过来，在手里掂量了一下，知道"内容"不少，于是一张胖脸笑成了一朵花："好说，好说，冯将军和咱家都是为皇上和太后办事，这点辛苦算什么。不过冯将军也是一片好心，咱家就却之不恭啦。"收了钱，太监才想到要办正事："咱家得快快回去复命，所以这就不打扰了。冯子材，接旨。"

冯子材和身后的将领士兵们呼啦啦跪倒，口中说道："臣冯子材领旨。"

"奉天承运皇帝,诏曰……而今国难维艰,宵小作祟,跳梁不已,扰我南鄙……有冯子材,忠心可嘉,率兵南征……"太监念了好多没用的套话,听得许多没有文化的部将都不禁打哈欠了,这才念到正题:"特命为广西关外军务帮办,赏赐龙头大刀一把,文官三品以下,武官二品以下,准以先斩后奏!"说完,太监看了看跪倒一片的人,得意洋洋地说:"冯将军,还不接旨?"

　　冯子材小心起身,躬身来到太监面前:"臣接旨。"说完,双手接过龙头大刀,一旁的儿子冯相华双手接过圣旨,算是完成了这次领旨。太监钱也拿了,旨也下了,说什么也不愿意在这种穷乡僻壤逗留,和冯子材寒暄了几句就要离开,冯子材也不喜欢这些太监,就挽留了几句送他离开。

　　等到送走了天使,冯子材吩咐道:"把将士们都召集起来,我有些话要说。"在见识圣旨和龙头大刀的诱惑下,将士们很快就集合起来,眼巴巴地看着冯子材手里的大刀。冯子材龙行虎步走到一块大石头上,一手拿起大刀,对部将士兵们大声说道:"承蒙皇上信任,赐我龙头大刀一柄,文官三品以下,武官二品以下,可以先斩后奏!"接着说道:"我本来还在担心可能不能节制各地兵马,耽误了国家大事,幸而天子信任,赏赐我龙头大刀,准许先斩后奏,这都是天子隆恩!"威严地看了部下们一眼,大家都一副凝重的神情,个个洗耳恭听。"我也没有什么好说的,只希望大家以国事为重,奋勇杀敌,等到驱除法人，我们就都是国家功臣，可以千古留名！"

"国家功臣，千古留名！"将士们齐声呐喊着，士气无比旺盛！

次日，冯子材带着两个儿子和部下走在队伍前面，一路巡视着周遭的地形，一边闲谈着。冯子材看着四面秀丽的山川河流，不由得感叹：你们看这大好山河，多么美丽！我虽然没有功名在身，不知道如何形容，却也知道国家土地怎么能让法国人夺去！我这次就是拼了老命也要打退法国人！

"是啊，咱们身为军人，就是要保家卫国才不枉活这一遭！"杨瑞山接口道，随即，他又道："只可惜有些人大敌当前还要贿赂，不知道咱们前线艰苦。要不是看他是天子使者，我早就一刀砍了他了！"

"瑞山，慎言！"冯子材虽然非常不齿这种行为，但是也不得不劝阻部下："朝廷腐败也不是一天两天了，这一点我深有感触。我和贪官污吏做了大半辈子的斗争，也是斗倒一个又来一个，根本不能根除。我这次奉命南征，只想着做好人生最后一件大事，至于其他事情，也只能忍一忍了。"

"是啊，这些天杀的贪官污吏，除了刮地三尺之外什么都不会干，打起仗来跑得倒是比谁都快！"杨瑞山恨恨地说道，他自幼贫苦，是跟冯子材一同投军的，两人为人也是一般正派，"若不是这次有大事在身，我们怎么也不至于向那个阉人行贿！"

1896年，苏元春在广西留影。苏元春（1844~1908），清末湘军将领。中法战争中，助冯子材御法军。和议成，留镇广西，边防督办（法国摄影家方苏雅摄）

冯子材正想说话，却看见前面斥候①飞奔而来，不由惊讶道："前面发生什么了？"

斥候飞奔到距离冯子材不远的地方，大声说道："禀报大帅，前面有一支溃兵，看样子是广西提督苏元春的兵马！"

冯子材闻言勃然大怒："他身为一方大员，守土有责，在

---

① 斥候：古代的侦察兵，起源于汉代。分骑兵和步兵，由行动敏捷的军士担任。

需要出兵的时候怎么能退回关内？"言罢，他对着部将们说："你们跟我去会会这个苏大帅，我倒要看看他有什么话好说！"

虽然一路从前线溃败下来，但是苏大帅倒是一点亏没有吃的样子，只见他一身戎装盔甲鲜亮，面色红润，显然是保养颇佳。见到冯子材怒气冲冲地走了过来，笑着迎了上去："老将军，别来无恙啊！"

"谁跟你别来无恙！"冯子材大声呵斥道，"你身为前线将领，为什么一路溃败到关内，难道前线已经全部失守了吗？"

"这个……"苏元春没想到冯子材竟然一上来就提这种话题，暗暗恼怒冯子材不会做人，只能勉强敷衍道："您不知道啊，法国人的枪炮可厉害了，我们枪炮不足而且粮草不够，只能先撤回关内休整休整，对，就是休整休整！"

"苏将军，我昨日得了天子旨意，不仅任命我为广西关外军务帮办，而且赐我龙头大刀一把，文官三品以下，武官二品以下，可以先斩后奏，你可知道！"冯子材冷冷一笑："苏将军你畏敌如虎，带兵溃败，知不知罪？"

"哎呀，老将军啊，您就放过我吧！"苏元春是个聪明人，知道冯子材为人正派，眼里揉不得沙子，自己犯了这么大的过错自然是要倒霉的。苏元春也不怕丢人，跪了下来："我也是一时糊涂，前面溃败下来我也就带着人跑了，其实不是故意的啊！"

冯子材须发皆张："好你个苏元春，竟然还妄图狡辩，那我问你，前线法国人有多少兵马，你这次溃败又带了多少兵马，你可知道？"

"这……这……"苏元春哪里敢查看法国人有多少兵马，一路溃败也根本没办法统计自己还有多少军队，是以面红耳赤，不知道该如何回答。

"父亲，我看苏提督也是被小人蛊惑，所以才一路撤退，我们不如合兵一处，一同抗击法国人，今天这事就到此为止吧。"冯相华深知父亲的耿直脾气，生怕父亲和苏元春闹翻，是以出言打圆场。

苏元春果然感激地看了冯相华一眼："是啊，是啊，就是小人蛊惑，我这就去就惩处那些小人，冯将军您就放我一马吧。"

"哼，苏提督那你就看着办吧！"冯子材也不想逼人太甚，只能就此作结："希望你整顿军队，和我一同出关杀敌！"

"那是那是……"苏元春不迭地回答着，一溜烟回军队"惩处小人"去了。

众志成城

待苏元春走了，冯子材看了冯相华一眼，叹了口气："国难当头，朝廷所用的人竟然都是这些无胆鼠辈，又怎么能打胜仗！"

"父亲，虽然苏元春此人是个胆小鬼，但是他官位尚高，我们还要借助他的地位来打仗，所以不能和他翻脸啊。"冯相华继承了冯子材的耿直，但是又多了一份圆滑，"我们现在只有团结所有能够团结的力量，才有希望打败法国人。"

"是啊"，冯子材幽幽一叹，"希望大部分将军还是有胆子的吧。"

翌日，苏元春不敢亲自过来，却派人送了个门生帖子过来，上面写着愿意拜冯子材为老师，自己作为门生好好侍奉老师。

"这个苏元春，有把柄在我手里所以如此听话！"冯子材将帖子拿在手里，冷笑道，"假如他没有被我抓住把柄，会对我这么听话吗？"

"大帅，我看您不如就收了这个门生，他以后肯定要唯您马首是瞻！"一名幕僚这样说道，"这样您在广西官场上也有个照应。"

"我不在乎什么照应不照应的，六十多岁的人了，快入土了！"冯子材笑了笑，"我也不要他这样的门生，我门下没有畏敌如虎的将军！"

"那应该如何回信呢？"

"就说老夫不敢当此重任，只希望我们俩精诚合作，将法国人赶出关外，就算是了我平生愿望了！"冯子材看着营帐外的天空，心中充满焦虑。

大清啊大清，你到底还能撑多久呢？

一路上，冯子材见到了许多从前线溃逃下来的士兵，他们一个个衣不蔽体，神色仓皇，显然是吓怕了。冯子材命令部队将他们收拢起来，安排到一起，希望他们能够重新回到军队打仗。

这些在前线吓破了胆子的士兵们本来不想回去，但是听到冯子材大帅在此，就好像重新焕发了生机，有的说："能跟着冯大帅打仗那就是最好的了，我一定要回去！"还有人说："我当兵的时候，前面不知道发生了什么就都跑了，我也只能跟着跑，这次一定不跑了！"更有人说："法国人在越南谁也不怕，就怕冯大帅，我们这次肯定能赢。"

望着排着队从军需官那里领取口粮的溃兵们，冯子材对部下们说："他们都是很不错的士兵，可惜遇上了一堆胆小鬼将军，要不然法国人也不会这么嚣张！"

"是啊，同样都是兵，谁也不比谁差多少，只不过是因为将领不行罢了！现在有了大帅带领，咱们一定能够把法国人打回老家去！"

冯子材大笑道："对，这次一定要把法国人打回老家去！"

本来以为一路上的情况已经很差了，可是等到冯子材来到前线，才发现情况比他想象的还要差——前线的军队很多，但是统属杂乱，有广西的军队，有广东的军队，有云南的军队，更有湘军、淮军等军队，大家谁都不服谁，一有事就相互指责，结果什么事都干不了。

冯子材一进指挥部，就发现里面吵嚷得好像菜市场一样，这个说："你们湘军凭什么占着这块地方不放？为什么我们粤军就不能守在后面？"那个说："你们粤军为什么能拿到朝廷新发放的快枪，为什么我们淮军就得用旧的？"还有人说："我们滇军死的人最多，朝廷的补给应该多给我们！"

一时间，湖南话、广东话、云南话乱成一团，大家虽然彼此听不大懂，依然吵得不亦乐乎，浑然忘了前面还有法国人在等着自己。

"够了，你们看看自己，成什么体统！"冯子材终于忍不住了，大吼一声，"你们身为国家将领，不想着杀身报国，却在此为了蝇头小利争得不可开交，这是什么样子？"

在场将领们顿时安静了下来，很多人都认出了这位大名鼎鼎的冯将军，纷纷问好："冯大帅好！"没有认出来的听别人说也听明白了，也跟着问好。

"大帅，不是我们愿意吵，我们也不愿意把时间和精力浪费在这上面，可是这前线没有一个能服众的人，我们彼此也不服，所以只能这样解决问题。"一个将领说出了实话，"要是能有一个资历能够服众而且公平正直的领导，我们就不用这样了。"

"是啊，冯大帅，您不知道，这前线的事情千头万绪，咱们商量着来就慢了，可是不商量着来就没法解决问题啊！"

冯子材神色凝重地看了大家一眼，说道："我听说法国人已经逼近了镇南关，还声称要在三天之内攻破镇南关，让脆弱的中国人知道法兰西的威力，而你们却不敢应战，可有此事？"

被冯子材的眼神逼视着，很多人都不说话了，等到听见冯子材说出镇南关的事情，大家的头都垂了下来。

"看来大家都是知道的，但是既然知道了为什么还要在这里吵吵嚷嚷，而不是去奋勇杀敌呢？"冯子材又抛出了一个问句，"还是说大家觉得在这里争夺这么一点物资比起朝廷大事更加重要？"

"冯大帅，您别说了！"毕竟是军人，还带着一点军人血性，一个黑脸汉子大喊道，"我们也愿意带兵杀敌，但是没人带着我们听谁的啊！"

"是啊，冯大帅！只要有人带着我们上前线，我们就一定听听命！"还有个黄脸汉子喊道，"您带着我们去前线吧，谁要是敢退我王龙第一个不饶他！"

冯子材被这些将领们抢白了一通，却丝毫不以为忤，而是心中暗叹军心可用。

"各位，各位！我有几句话说，不知各位愿不愿意听一听！"冯子材挥挥手，止住了将领们的议论。

"大帅请讲！"

"现在，国难当头，世道纷乱，正是我辈军人用武的大好时机！男子汉当马革裹尸，为国捐躯，岂能计较个人得失！"冯子材义正词严，看着在场的将领们有的羞愧地低下了头，有的却是受到了激励，昂首挺胸看着冯子材。

"法国人步步紧逼，先是侵占了越南，然后又打破了镇南关，现在又要谋取我大清土地，简直是贪得无厌，无耻之极！我们作为国家军人，岂能让他们如此肆意妄为？"

"不能！"有的心直口快的将领已经喊了出来。

"对，不能！"冯子材话语铿锵有力，"如果大家相信我，我愿意带领大家上前线，杀法人，决不后退！"然后，他又转头叫自己的两个儿子过来，让大家看清楚："这是我的两个儿子，从小跟着我打仗，我带着他俩一起来了，就是要表示我决一死战的心！我发誓，打起仗来，我绝对不会退，我的儿子也不会退，如果退了半步，大家先拿我是问！"

"冯大帅都说到这份上了，我也发誓，打起仗来谁退谁是王八蛋！"黑脸汉子也大吼道，"我张远绝对不退！"

"我们誓死不退！"将领们见状都感动至极，纷纷发誓。

"好，大家跟我一起来，大家杀法人，保家国！"

"杀法人，保家国！"大家齐声怒吼，声震天地！

处理完将领们的问题，冯子材还要处理溃败的士兵的问题。这些士兵其实也是出于一腔爱国热情而来参军的，只可惜遇上了很多胆小如鼠的将领，只能跟着一路溃败，可惜了他们的一腔热血。

其实清朝的军事实力并没有我们想象的那么糟糕，虽然在武器装备、士兵训练和将领培养上全面落后，但是由于清朝一直是处于守势，内线调兵比起劳师远征的外国侵略军占据很大优势；而且清朝毕竟疆域辽阔、国力雄厚，倘若能够决心一战的话还是能够取得一些胜利的。可惜的是，放眼整个朝廷竟没有几个有决心打硬仗、打狠仗的领袖。他们大都想着如何升官发财，如何捞取利益，至于在战场上与敌人血战、亲临战争对他们来说想都不要想。

是以，清末几十年，除了在和收复新疆和中法战争中取得了一些胜利之外，清朝所有对外战争几乎都以失败告终，可谓是"兵熊熊一个，将熊熊一窝"。

然而，普通士兵、下级军官，还是有很多血勇之士、敢战之兵的，如果能鼓舞起这些士兵的士气，不仅会能增加一部分力量，而且还会鼓舞其他的部队，提高全军的士气。只是，这些士兵只怕已经被法国兵吓破胆了，又该怎么提升他们的士气呢？冯子材一想到这个问题，就神色沉重。

正想着，杨瑞山凑近了说："大帅，重赏之下必有勇夫，我看这些儿郎也不是贪生怕死之辈，我们给他们一个机会，能杀死法国兵就允许重新当兵，我看他们马上就能提起士气来！"

冯子材眼睛一亮："好主意！就让他们杀法国兵自赎，不仅允许当兵，还给他们发赏金，就不怕士兵不愿意！快把溃兵召集起来，我要阅兵！"

很快，溃兵们就被召集起来了。冯子材一看，他们走起路来就跟别的士兵不一样——别的士兵都是昂首挺胸、锐气四射，他们一个个身高体壮，却垂头丧气，耷拉脑袋，一副被人打败了的模样。

"你们知道我是谁吗？"冯子材站在阅兵台上，腰杆挺得笔直，威严地看着台下的士兵们。

"您是冯大帅！"有几个见多识广的士兵听说过冯子材的名声，"您是来带我们打法国鬼子，带我们报仇的吗？"

"我是来打法国人，帮你们报仇的，但是你们值得我给你们报仇吗？"冯子材瞪着台下那些残兵败将，语气中充满了恨铁不成钢的意味，"你们看看自己的样子，哪里还像个当兵的？"

"大帅啊，这不能怪我们，将军们不打了要撤退，还没等我们明白过来队伍就散了，我们也没办法！"

"是啊，大帅，前面一放炮就垮了，我们也就稀里糊涂退下来了，连法国兵的样子都没见过！"

听到冯子材指责，很多士兵纷纷喊冤："不能怪我们啊，我们也是听上头怎么说就怎么做。"

冯子材心里知道不能怪这些可怜的士兵们，打仗打胜了他们得不到什么好处，可是打输了他们却要在后面殿后，已经非常可怜，自己也不能苛责他们。但是，为了提振他们的士气，他又不得不说一些狠话："你们告诉我，你们吃没吃过法国人的苦头？"

"法国人烧了我家的房子！还宰了我家的畜生，我和法国人有深仇大恨！"有的士兵冲动地喊道。

"我爹就被法国人杀了，我一定要报仇！"还有人和法国人有杀父之仇。

"我和法国人没仇，但是我家就在后面，我不能让法国人过去！"还有的人虽然没见过法国人，但是也知道不能让法国人去自己家杀人放火。

"对！法国人杀了咱们的亲人，烧了咱们的房子，宰了咱们的畜生！要是咱们不打，让他们杀进关来，咱们的亲戚朋友都得遭殃！"冯子材用煽动的语气说道："有仇的咱们得报仇，没仇的咱们也要保家卫国，是不是？"

"是！"很多士兵都明白了这个道理，要么报仇，要么保家，总之是不能和法国人善罢甘休。

"很多人都知道我冯子材！"冯子材大声说，"跟着我，我能带着你们打法国人，把他们赶回老家！你们愿意不愿意？"

"愿意，我们愿意！"士兵们被冯子材鼓舞，纷纷响应道，"把法国人打回老家！"

"我冯子材从来不爱钱，兵饷从来都是足额足量，你们也都知道。"冯子材见人心可用，开始阐明利弊，"跟着我，打法国人，报仇雪恨还有钱拿，你们说好不好？"

"好！"一想到还有这种好事，就是本来不愿意打仗的人也有了意愿，"我们愿意跟着您打法国人，拿赏钱！"

"但是！"冯子材看着士兵们，话音一转，语气严厉地说，"你们在战场上表现得实在太差了，我不愿意要你们这些败兵！"

"大帅，您收下我们吧，我们就您这一个指望了，没有您我们怎么报仇？"一个士兵这么一听，立刻跪下了："求您收下我们吧，您说什么我们做什么！"

"是啊，大帅，收下我们吧，我们绝对不逃跑了！"

"你们要是再不战而退怎么办？"冯子材眼见士兵都已经被调动起来了，心情大好，捻着胡须问道。

"听凭军法处置！"有的机灵的士兵已经明白了，立刻喊道。

"好！我就把话说明白了！"冯子材一声大喊，"相华，你把我的规定说明白了！"

"是，大帅！"冯相华一身戎装，雄赳赳气昂昂地站在阅兵台上，宣读规定："军队名额有限，不能全招，杀死法国兵一个，赏银纹银五十两，允许当兵；杀死法国兵两个，赏银一百两，可当什长……但凡有临阵退却者，斩立决！"

"你们听见了吗？"冯子材等冯相华念完，立刻严厉地问。

"我们听见了！"士兵们见还有机会当兵打仗，而且杀死法国兵还有钱拿，立刻士气高涨，纷纷表示愿意作战。

"好！那就这么定了！"冯子材大手一挥，"解散！"

广西兵号称"狼兵"，这不仅仅是赞赏他们打仗勇敢，更是对他们的作战方式的高度褒扬。他们三五一伙，七八一群，利用熟悉地理的优势不断偷袭法军，搞得法军焦头烂额。

军队行军打仗，怕的不是敌人人多势众，敌人兵器先进——只要众志成城，齐心合力，还是可以有一战之力的。怕就怕在敌人不和你进行正面交锋，而是不断打击你的后勤补给，甚至骚扰你的休息驻扎。

吃不好，睡不好，怎么打仗？

这些在冯子材的激励下奋勇杀敌的广西兵可不管你这一套，只是按照自己的计划不断发动偷袭，要知道一个法国人的人头值五十两银子（相当于一个士兵的一年工资），杀两个还能当官！

越南天气湿热，蚊虫甚多，甚至有苍蝇大的蚊子，拳头大的苍蝇，这些都让来自法国的远征军非常难以适应，加上法军的防蚊虫准备做得不够好，这就让他们吃尽了苦头。本来这就已经相当难以忍受了，却没想到还有冯子材的士兵们轮番偷袭——只要你落了单，独自一人，就休想全身而退。到后来，所有法军士兵都不敢落单行动，这就沉重打击了法国人的士气，让他们叫苦不迭。

反观萃军，冯子材说话算话，赏金足额发放，而且只要能够带回来法国人的人头就允许重新从军。士兵们不仅从军需官那里领取到了足额的赏钱，而且有的人还成功地回到军队成为军官，这大大助长了士兵们的士气。

所谓"一鼓作气，再而衰，三而竭"，法军的士气在如虹的胜利之后遭到了沉重的打击，已经逐渐衰竭了。

讨论战守

1885 年 2 月 15 日，冯子材率领一营兵力赶到镇南关，想着和一路撤退下来的潘鼎新潘大人讨论战守事宜。

潘鼎新虽然是一路溃逃回关内，却一点不以为耻，想要见到他老人家也费了一番功夫——单是通报等候就花了将近一刻钟。

"这位潘大人，虽然本事不大，架子倒不小！"冯子材站在营门口等着，心里这样想。

当然，别人都知道潘大人是一路撤退下来的，而且搂草打兔子，顺便劫掠了地方百姓，潘大人自己可不这么想，他声称是为了准备后防事宜才在此镇守镇南关，和畏敌潜逃毫无关联。

"潘大人，广西关外军务帮办冯子材拜见大人！"冯子材虽然也不齿于潘鼎新的为人，但是潘鼎新毕竟是广西战区的首脑，想要打好这一仗还是需要潘鼎新的配合。是以，一向耿直的冯子材也不得不在他面前低头。

"冯将军，你来得正好啊！"潘鼎新作出一副礼贤下士的样子，充满"惊喜"地对着冯子材说道，"法国小丑跳梁不休，我正想着如何应对，冯将军就来了，真是及时雨啊！"

"潘大人，咱们就不必客套了，我想问一下您到底是怎么打算的呢？我军什么时候可以上前线和敌人交战？"冯子材打心眼里不愿意和这种"外战外行，内战内行"只会坑自己人的官员说话，是以直接打断了潘鼎新的客套。

潘鼎新的眼神里闪过一丝不满，但是很好地掩饰住了，他笑着说："我看啊，法国人虽然有洋枪洋炮助阵，其实也不过如此，我们只要在这里死守镇南关就好，其他的事情完全不必担心。"

听到潘鼎新这么说话，冯子材大为不满："法军已经逼到了关口，我们又怎么能死守不战呢？迁延日久，士气必然下滑啊！"

潘鼎新早就被打破了胆，哪里敢轻言初战，他眼珠子一转，想出了一个借口："我听说冯将军的萃军乃是新募而成，枪炮给养还都不齐备，恐怕不足以抗衡法军吧。"

"大人您这是说哪里话，我们勤于王事，专心报国，又怎么能因为军械不足而不上前线呢？"冯子材心里明白这位潘大人是看自己军队装备不好，是以心中轻视，可是问题是几天前明明就是这位潘大人一夜狼狈逃窜，又有什么资格嘲笑萃军呢？

"这行军打仗之事，我还是略知一二的，攻城略地，必须有大炮助阵。不知萃军可有新式西洋大炮在军？"潘鼎新自己打不了仗，就以为别人都打不了，一口咬定萃军没有大炮无法抗衡法军，不允许萃军上战场。

"潘大人，萃军没有西洋大炮，但是有勇武健儿，希望能奋勇杀敌，报效朝廷！"冯子材声音洪亮，震得潘鼎新的耳朵嗡嗡震响。

"冯将军，冯将军……"眼见说服不了冯子材，而自己又实在不敢上战场指挥，潘鼎新只能想出了个缓兵之计，"为今之计，我军新败，还是先休养一段时间吧。萃军守东路，苏元春守西路，本官守中路，我觉得就很好嘛！"说完，潘鼎新就端起茶碗，一副想要喝茶的样子。一旁的侍卫眼尖，看到主子这么动作，明白了主子的意图，立刻扯开嗓子喊道："送客——"。

"唉，潘大人……"虽然还想再争取一下上阵的机会，但是潘鼎新很明显已经不愿意谈了，冯子材没奈何，毕竟自己身上只有一个临时官职，只能心里不满地退下了："下官遵命。"

从营门里出来，冯子材想了想，这位胆小如鼠的潘大人估计是指望不上了，现在只求他老人家不要干涉前线指挥，不然仗就没法打了。考虑到我军和法军在兵器装备上的差距，为今之计只有和苏元春等前线将领商量一下，希望能够有所收获。

苏元春早就已经来到西路驻扎，听闻冯子材来到，立刻带人在营门口等候。

"哎呀，冯将军，您终于来了！"见到冯子材在营门口下马，苏元春快步走上前来，向冯子材问好："您能够驾临我们军营，真是蓬荜生辉啊！"

冯子材没有去管这位附庸风雅的逃跑将军用词究竟对不对，直接进入正题："苏将军在前线时间比我长，应该知道的比我多，我今天特来请教一下前线的情况。"

"好说，好说！我一定知无不言，言无不尽！"苏元春生怕得罪了冯子材，把自己的事情说出去，所以特别殷勤，"这边走，去我的帅帐里面谈，那里有地图。"

两人一边走一边说，冯子材渐渐摸清了前线的情况，原来，自从潘鼎新调任广西之后，同时从贵州、湖南、湖北、江西等省抽调了苏元春、杨玉科、潘鼎立、魏纲等省生力军一万余人，赶赴广西关外作战，他还把赴越桂军缩编为二十余营，从中提拔了原本不受重用的总兵董履高等人，收买了不少人心。就这样，加上原来派驻广西助战的前福建布政使王德榜率领的楚军十二营，整个战线差不多有六七十营，三万余人。

整个中法战争中法国陆军就没超过两千人，越南军队不仅首鼠两端而且战斗力可以忽略不计，按说清军以敌人十五倍的兵力投入作战，应该会取得胜利——然而，事实恰恰相反。闰五月初，桂军在观音桥初战告捷（虽然仅仅是一场小小的边境纠纷），全军士气大振，求战呼声甚高，七月，朝廷下令云南、广东、广西三省"战越牵敌"，要求三省军队进入越南参战。

得到了皇帝"旨意"的潘鼎新不顾已方准备不足、粮草不够的实际问题，"力排众议"挥师入越，和法国人展开激战。八月，方友升率领的广武军在郎甲地区被法国人打败，苏元春部在船头先胜后败。十一月，王德榜的楚军在车里和法军主力展开遭遇战，在苦战两天之后，楚军因为伤亡惨重而不得不败退下来。十二月，法军出动两个旅团的兵力直扑谅山，而驻守谅山的是撤下前线的苏元春部队。

苏元春的士兵刚刚被法国人打败，正是士气低落的时候，更何况法军出动了主力部队，在血战数天之后力不能支，在焚毁谅山之后败退。正月，法军一路长驱直入进犯文渊、镇南关，杨玉科和苏元春迎敌，又遭到挫折，不得已连连退却，把越南的门户放给了法国人。

可以说，在潘鼎新入越作战的整个过程中，因为准备不周、策划不明等问题，清军连遭失败，一路从前线撤到国境内。

中法战争中苏元春和前线战士

冯子材皱着眉头听着苏元春的描述，目光缥缈，仿佛在勾勒那炮火纷飞的沙场，过了半晌，幽幽地叹了口气："将士们都打得很辛苦，只是将领无能，不能带他们打胜仗。"

苏元春自然知道冯子材意有所指，但是他不敢说潘鼎新的坏话，只能含糊地说："将领选择的确有点问题，是该调整一下。"

"元春，你说法国人实力强大，究竟强在何处？"冯子材没有纠缠这个问题，而是询问起了法国人的优势，"久闻法国人洋枪洋炮犀利无比，不知究竟有多么强大？"

苏元春眼神中闪过一丝恐惧，恍然间好像又看到了法国人齐射开火时的场景，过了一会，他才说道："法国人的优势可不只是枪炮厉害，依我之见，他们有三大优势。"

"但说无妨。"

苏元春定了定心神，掰着指头说道："这第一桩，就是法国人士气旺盛，火枪厉害，尤其是新式的西洋大炮火力强大，我们苦心构筑的土木工事根本经不起轰炸，往往几炮之后就变成一地碎木。琴帅（潘鼎新，字琴轩，部下称其为琴帅）就曾经电奏（用电报）朝廷，说是法国兵火力太猛，一个人能当我们五个。"

"是吗？"冯子材不置可否，他承认中法的武器差距，但是却不大相信败仗将军苏元春的话，"第二点是什么呢？"

"第二点，就是我军谍报不准，不知道法国人将要从哪个方向进攻，所以只能分兵把守，以至于势单力孤，往往在局部战场上被法国人以多打少，逐个击破。"苏元春颇为苦恼地摸了摸脑袋，"不知道为什么法国人却总是能摸清我们的情况，总能找到我们的弱点。"

冯子材笑了笑，"越南到处都是本地人，为什么不和他们合作呢？"

"越南人？"苏元春发出了嗤笑，带着"天朝上国"官员特有的骄傲，"这些人连自己的国家都守不住，还要我们来帮忙，其中还出了不少间谍，我们怎么能信任他们？"

"那么第三件呢？"见到苏元春不认可自己的主意，冯子材也不纠缠。

"其三，就是我军内部派系林立，互不统属，是以交战时不能相互支援，协调作战，一旦一军被困，其他军队虽然在百里之内，却不能及时赶到，以至于被法国人逐个击破。"

冯子材听着苏元春说的这三个缺点，愁眉紧皱，深深认识到了前线的危急情况，在心里不断思考如何破解这种困局，以至于忘了和苏元春告别就离去了。

苏元春看着老将军离去的身影，叹了口气，也回到营帐里。

从前线回到龙州驻地，冯子材见到了他神交已久的勤军统领、广西右江镇总兵王孝祺。在两广总督张之洞和钦差大臣彭玉麟的安排下，王孝祺所率领的八营四千人马将要归属冯子材的调遣，是以冯子材特别期待这支部队的到来。

王孝祺，字福臣，安徽人，他自幼从军，一直归属淮军统帅张树声麾下，长期担任偏将，没有立过什么战功。在跟随老上司张树声来到两广之后，通过苦熬资历才混上一个总兵的职位。张树声失势之后，王孝祺的日子过得很不好，遭到了两广官员的排挤敌对。钦差大臣彭玉麟是湘军出身，对于淮军一向怀有成见，有一次见到王孝祺阅兵时跨在骏马上威风凛凛的样子，竟然出言讥讽说："王福臣不是战马，而是一匹看马。"言外之意就是王孝祺打不了仗，只是会做样子而已。

遭到这样的屈辱让王孝祺非常愤恨，但是他又不敢和钦差大臣发生矛盾，只能暗自生气，发誓要打几个胜仗证明自己。在听到赴越抗法的消息后，他一是愤恨于法军猖獗横行，有意保家卫国；二是为自己找一个新的靠山，另寻出路；三是为了证明自己的能力，主动请战，要求前往越南抗法。

一路上，他陆陆续续地听到法军在中国东南沿海所犯下的罪行，又眼见坚船利炮的法国炮船轰炸中国沿岸的情景，早就怒火填膺，希望能够手刃敌人，为国报仇。两人有着同样的爱国情怀和作战意志，是以虽然他和冯子材只是初次相识，却熟络得好像老友一般。

　　冯子材在王孝祺的陪同下检阅了勤军的军容，勤军是久经战阵的部队，虽然经过长途跋涉而面带疲容，却不改威武军容，显得士气十足。

　　"好，果然见过血的部队就是不一样！"冯子材观看了勤军演练的射击、冲锋、搏斗等战术，一招一式、一举一动之间尽显威力，果然和新招募的萃军相比有一种杀气和锐气。于是兴奋地说："有了勤军的支持，我们的实力就更强大了！"

　　"勤军虽然训练不错，但是还需要冯将军的领导才能发挥战斗力，我王孝祺一定鞍前马后，誓死相随！"王孝祺也很高兴勤军的表现，谦虚之余还表现出自己的战斗欲望。

　　"不过，法国人并不是好对付的啊。"冯子材收起兴奋之情，慢慢说道，"我今日和苏元春进行了交流，他告诉我法国人有三大优势，我们都很难抵抗。"

　　"哪三点呢？"

　　"第一，法国人火力凶猛，以一当五；第二，敌人谍报发达，敌暗我明；第三，我军相互倾轧，难以同属。"冯子材一一说来，刚才观看操练的兴奋心情都没有了，"我们相比法国人还有很大的劣势，有时候只能拿将士们的命去填啊！"

"冯将军，末将对于战争倒是有一点想法。"王孝祺急于表现自己，所以直接提出了建议。

"快说一说。"冯子材从谏如流。

"第一，法国人的炮火厉害我也是早有耳闻，这一点从他们的炮舰上就可以看出。我认为，我们应该建筑坚固的堡垒防御敌人的炮火，然后利用壕沟和地道躲避弹片，等到敌人炮火轰完再进行作战。"

"好主意，我其实也有此意。"冯子材点点头，"王将军果然见识不凡！"

"第二点，我们应该积极联络越南民众，他们遭到法国人的入侵蹂躏肯定和法国人有深仇大恨，我们只要晓之以理，动之以利，就能让他们为我们所用。"王孝祺指手画脚，侃侃而谈，"第三嘛，就是集中兵力作战，不给敌人可乘之机，只要我们兵力集中，指哪打哪，就不用怕法国人的谍报优势。"

"说得好！"冯子材点点头，"那就这么办吧。"随后冯子材又说："现在要做的，就是选择一个合适的战场，这需要我们深入前线进行勘察，你可愿意？"

"末将一定誓死相随！"

奇耻大辱

早在冯子材抵达前线之前，战局已经糜烂到难以收拾的境地。2月23日，法军长驱直入，来到镇南关前的文渊州，镇守中路的提督杨玉科率军奋起反抗，结果力不能支，不幸阵亡，全军溃败。当夜，法军杀入镇南关，镇南关就此失守。

镇南关是中越门户，同时也是保卫中国南疆国土的第一道天险，一旦失守就将牵一发而动全身，引起连锁反应。果然，镇南关失守的消息传到内地，广西全省震惊，各地人民纷纷向北逃难，南宁城全城戒严，可谓是风声鹤唳、草木皆兵，而一些士兵也因此产生了不稳定的情绪，甚至还有开小差逃跑的。

在杨玉科阵亡、镇南关失守之后，一心报国杀敌的冯子材立刻找到了潘鼎新，要求出战："潘大人，敌人已经打到我们面前了，我们不能不战了！如果不战，只怕我们将来就要变成亡国奴了！"

这位一夜溃逃五十里的潘大人却在此刻表现出了非同寻常的镇定，只见他拿起茶碗，轻轻喝了一口，慢悠悠地说道："法国人不过是来镇南关劫掠一番，又不会常驻，怕什么！"

"镇南关失守，广西全省震惊，军队也是人心惶惶，我们有必要立刻夺回镇南关，宽慰人民！"冯子材站在潘鼎新面前，站得笔直，大声说，"身为国家军人，保家卫国收复失地乃是天职，不然不足以告慰人民！"

潘鼎新揉了揉脑袋，有些苦恼地看着冯子材，他自然也想收复失地，但是被法国人打怕了的他已经失去了锐气，不管冯子材怎么说就是不敢回到前线去，不愿意面对法国人枪林弹雨一般的火力和悍勇无比的冲锋。是以，他想了好一会不知道该怎么回答："这个，这个嘛……"

正在这时，一名传令兵进来回报："报告大人，在镇南关百姓和军队的反击下，法国人已经从镇南关退去了，他们放火烧了镇南关，还……"

没等听完传令兵的消息，潘鼎新一拍手："冯将军，你看，法国人已经撤退了，失地已经收复，我们没必要出兵了嘛！"

"法国人的撤退只是暂时的，他们还会打过来的啊！"冯子材没想到潘鼎新竟然如此畏战，不由得有些焦急地说道，"我听说法国人已经放火烧了镇南关，至少也应该派人去镇南关修复防御，准备接下来的战斗！"

"嗯，这个任务就交给冯将军你了。"潘鼎新听说不用打仗，心情大好之下也就不再阻挠冯子材的想法，"冯将军一定要把镇南关的防御恢复起来！"

"是！"心里想着能去前线看一下也好，冯子材带着不满就这样退了下去。

等到冯子材带着亲兵部将来到镇南关时，他们被眼前的景象震惊了，发现昔日的雄关已经变成了一堆废墟：虽然潘鼎新表面上说是法国人在中国人的反击之下放弃了镇南关，"狼狈撤回"了谅山，但是实际上法国人在攻下了镇南关之后还在原地驻扎了两天，不仅收集了物资和军械，将清军在关内囤积的军械装备、粮饷物资等物品全部运回了老巢谅山，还忙里偷闲，将他们不屑一顾的旧式步枪和其他型号的枪弹堆在一起，一把火全部烧毁！不仅如此，法国人延续了他们在圆明园的做法——不分青红皂白，只要不需要的全部毁掉！不论是清军居住的帐篷，还是古色古香的镇南关城楼，还是重檐斗拱的屋檐楼宇，就连关内关外的居民民房都没有放过，都被放火烧光。冯子材举目看去，整个镇南关内外已经没有别的颜色，只剩下满地烧得焦黑的残垣断壁，默默述说着法军的残暴。

不仅如此，好像是生怕中国人不知道该审判谁，恐怕中国人不知道应该向谁复仇一样，法军头子尼格里还"贴心"地向中国人做了说明。他命人找来一大块表面刮得干干净净的木牌，用浓黑的墨水写下二十几个歪歪扭扭、不成字形的汉字："尊重条约较边境门关保卫国家更为安全，广西的门户已不再存在！"

苍天无语，白云渺渺，炽烈的阳光从天际落下，照射在硕大的木牌上，那二十来个歪七扭八中文显得无比的刺眼。

冯子材感觉有些眩晕，不由得脚步打滑、站立不稳，身后的儿子连忙扶住父亲："父亲，您没事吧！"

他抬头看了看还燃烧着的关城阁楼，那火焰刺激着他的眼睛，让他有些喘不过气来。慢慢地，在他的想象中，那火焰燃烧在了故乡钦州城楼上，在南宁府上，在北京城上，在大清境内……

冯子材又想到了自己参军的经历。刚参军时，冯子材只是想着向劫持自己的刘八复仇，证明自己的能力，可随着年岁渐长，冯子材逐渐明白了军人的含义：军人，就应该保家卫国，就应该是人民最坚强的后盾；既然穿上了一身军装，就有了一份职责，一种义务，就意味着，要与外敌奋战至死，绝不畏惧。

大敌当前，谁都可以逃，军人不能逃；谁都可以退，军人不能退；谁都可以放弃，唯独军人不能放弃。可以说，军队是一个国家在危急关头的脊梁，正是有了军人们的浴血抗战，才有了国家的存续与复兴。

而今天，这些忠勇报国的将军们遭到了来自欧亚大陆那端的侵略军的羞辱，不仅被焚毁了关城，还留下了一个巨大的木牌来展示侵略者的"丰功伟绩"。

"奇耻大辱，真是奇耻大辱啊！"冯子材指着牌子大喊道，"这简直是奇耻大辱！"他看着那张牙舞爪的字体，那嚣张跋扈的话语，那肆无忌惮的火焰，他的心被熊熊烈火燃烧。

曾经有汉朝人说过，"犯我强汉之威者，虽远必诛"，而现在却为什么只能任由外敌焚毁我们的关城，嘲讽我们的军队呢？那些被记录在青史里面的英勇气质，那些浴血杀敌的忠勇男儿，那些马革裹尸的英武将军，都去哪里了呢？

我们这个民族已经遭到了这么多的羞辱和欺压，被这么多列强欺侮侵略，而这种日子我们还要忍受多久？我冯子材已经年过六十，没几天好活了，就算这次能够打退法国人，以后还有英国人、德国人、沙俄人，而到了那时候，又有谁能来抵抗他们呢？

"羞耻啊，羞耻啊！"似乎是长叹，又似乎是发泄，冯子材用手敲打着木制的牌子，大声呼喊，状若癫狂。

随同冯子材来的将领们都没有说话，只是垂着脑袋站在原地，任由这位爱国心切的老将军抒发他的怒火。

"军人，就是应该保家卫国！如果我们不能守护自己的国土家园，还有什么颜面自称军人？"冯子材的咆哮越来越响，"你们告诉我，我们还有什么资格穿着这身军装，有资格告诉百姓我们是来保护他们的？"

王孝祺跨出一步，大声说道："冯将军，镇南关被毁，我们又遭到这种羞辱，是军人一生的污点！我愿意带着一支兵马和法军决战，粉身碎骨，在所不惜！"

"我愿意！"

"我也愿意！"部将们一个个都站了出来，要求和法国人一战，斗志高昂，战意十足！

"好，很好！"看着将领们眼中熊熊燃烧着的怒火，冯子材大感欣慰，也感到身上承担着非常重的责任，"有你们这种斗志，就没有打不胜的仗！从哪里跌倒就要从哪里爬起来，法国人加诸于我们的屈辱，我们必定要十倍百倍地奉还给他们！"

说完，他又指着那块牌子："你们好好看着这块牌子，把他的样子记在心里，我们终有一天要把这些文字全部奉还给他们！"

将领们看着这块屈辱的木牌，心中充满气愤，一个个钢牙狠咬，眉头紧皱，有冲动的一名部将看着那些鬼画符一般的文字，一个个张牙舞爪如同法国兵一样让人生厌，不由得有些失控。只见他脸上肌肉抽搐，眼里喷射出愤怒的火焰，嘴里恶狠狠地骂道："该死的法国兵！总有一天要把你们全部杀光！"说完，好像觉得不够解气一样，他又抽出宝剑，对着牌子就要砍去。"我让你们法国兵……"

"慢着！"冯子材大声喝住部将，"他们敢写，我们也能写，拿笔来！"

冯子材手中宝剑挥动，剑光闪耀之处木屑纷纷掉落，没一会儿，原来写着文字的木牌就变回了光洁的原貌。

放下宝剑，拿起毛笔，屏气、凝神，沉思、酝酿，冯子材大理石雕刻出来的面庞恍若覆上了一层寒霜，深沉庄严得让人不敢直视，浑身气势散发恍若一尊神祇。接着，如同天地初生、天崩地裂一般，冯子材一声大喝，挥笔写下十几个大字："我们将用法国人的头颅重建我们的门户！"

齐心协力

写完牌子，冯子材将笔一扔，喟然长叹："人生恨不能延寿五百，眼看异族蛮夷尽为土灰！"

"冯将军，何必叹息，眼下不就是有一个将法国人一网打尽的好机会吗？"王孝祺被冯子材的精神打动，半晌没有回过身来，等听到冯子材的话，立刻说道。

"王将军是指在此地设伏，将法国人引进包围圈吗？"冯子材立刻来了精神，左右查看着山川地形，此地地形奇特险要，本来是从凭祥到镇南关的一个长约四十里的山谷，山谷中通路狭小而两侧高山对峙，西山名曰凤尾，东山名曰大青，都有数十丈之高，法国兵到了这里可是插翅难飞！再看山上云雾缭绕，绿树回环，地形复杂，正是适合藏兵的风水宝地。大青山缓缓向南倾斜，分出五座小山头化作小青山，小青山再由北而南延展开，东连马鞍山，西偎横坡岭，沟沟壑壑、丘陵密布，是一个抵抗法军炮火的好地方。

"果然是适合打防守战的好地方啊。"冯子材看着四周，喃喃说道，"倘若我们在此地设置堡垒城墙，层层设防，步步为营，那么法国人休想踏过此地半步！"

"大帅，那还等什么，还不赶快在此地修筑堡垒？"一名性急的部将马上说道，"我们早一点修筑堡垒，打仗的时候就能多一份把握啊。"

"不！"冯子材立刻说道，"此地虽然地形狭隘，适合防守，是一个防御要地。但是，正是因此，不方便展开千军万马，更不能诱敌深入，大量杀伤敌人！"顿了顿，冯子材又说："我这次要的，不仅仅是将法国人打回去，更要把他们打疼了，打痛了，让他们轻易不敢再来侵犯我们！"

"那我们应该在哪设伏呢？"

"我在此地有个朋友蒙大，这次就需要他的帮助了。"冯子材目光炯炯，看着远处的山脉，面色沉重。

冯子材所说的蒙大，是镇南关附近的猎户，冯子材以前三次率兵入越剿匪都获得了他的帮助，这次冯子材也希望蒙大能够提供帮助。

"这还不简单，我派人把他带过来就好了！"急性子部将一听，立刻准备叫人："你们俩，快去把那个蒙大……"

"有求于人怎么能这么不尊重别人呢？"冯子材立刻喝止，"你们都随我到蒙家村一趟，我要亲自去拜访他。"

"大帅，你是朝廷官员，怎么能屈尊去找一个小小猎户？"王孝祺也觉得不大妥当，"我们派人带着重礼去请就已经非常尊重了，犯不着亲自去见。"

"昔日刘备为了恢复汉家天下都要三顾茅庐，我一个老朽就不能为了打败法国人亲自去见别人？"冯子材不满地看了王孝祺一眼，"都别说了，跟我去吧。"

蒙大家住镇南关附近，法国人打过来的这段时间也没少受骚扰，他一见到冯子材就像见到了救星一样："冯将军，我终于等到您了！"

冯子材看了看蒙家村被炮火轰炸后的惨状，残垣断壁，四处焦黑，心里也有些愧疚："蒙大啊，朝廷对不起你们，没有保护好你们啊。"

"法国人真是凶啊，他们一上来就对着老百姓放炮，放完炮就来村里烧杀抢掠，一点人情都不能讲，如果你跟他讲理，那么就是当头一刀啊！"蒙大控诉着法国人的暴行，越说越气愤，说到后来已经带着哭腔了："冯将军，我们蒙家村两百多口人，现在就剩下不到一半了，你可一定要为我们报仇啊！"

蒙大的声音似乎大了点，引起了蒙家村其他人的注意，等大家知道这些穿着军服的人是朝廷的将军之后，纷纷叩头行礼，请求冯子材为他们的亲人朋友报仇雪恨。

"这个你们放心，我一定会为你们报仇的。"冯子材皱着眉头，听着周围蒙家村村民的哀求，又看向镇南关方向，那里有他一生的耻辱，恨恨地说道："该死的法国人！"

"冯将军，你这次来是找我的吧。"蒙大擦了擦脸上的泪花，气愤地说，"您什么时候上场杀法国人带我一个，我一定给您当亲兵，和法国人拼到底！"

"上战场我用不到你，但是我想听听你有没有什么能对付法国人的枪炮的法子？"冯子材见蒙大说到了正题，就出言询问。

"冯将军，您看这山，"蒙大指着门外的万里连山，大声说道，"这山如同鱼嘴一样张开，法军如果进入这里，那可是插翅难逃，求生无门了！"接着，他又说："法国人有花炮、快枪，打得又快又远，我们不能和他们硬拼，必须和他们肉搏。"

"是啊，法国人的刺刀毕竟比不上咱们的大刀。"冯子材点点头，"我早就让人造了几千把大刀，就是用来砍法国人的头的！"

"冯将军您果然料事如神，早就有了预备！"蒙大充满敬佩地说道，"我也是这几天才想明白这个道理，您都已经把大刀准备好了。"

"这个先不要说，你最近去过文渊、谅山吗，那里的情况怎么样？"冯子材没有听蒙大的赞美，直接问起了敌占区的情况。

"那里的情况就不好了！"蒙大气愤之极，"文渊和谅山的官府都被法国鬼子换上了他们的亲信，原来的官员的不是被杀就是被关押起来了，如果有官员敢于反抗，不仅要被剖腹挖心，还要悬尸示众！"

冯子材对法国人的凶残早有了解，他感同身受地说："法国人这么残忍，你们就这样承受着吗？"

"那当然不是，法国人占据了越南城市的仓库，财税、粮米都由他们的人管着，征的税又多又狠，大家都准备反抗！"

"有多少人呢？"

"这可就多了！"蒙大来了兴致，掰着指头数着，"高谅的梁俊秀有六营部队，谅山布政使黄廷金纠集义民，成立了忠、孝、仁、义、礼五大团，一共有两万多人，都在暗地里和法国人交战！要不是这些部队缺少粮饷枪械，法国人别想有好日子过！"蒙大毕竟是越南本地人，有着土生土长的优势，说起这块土地上的事情来如数家珍。

冯子材听得很专心，部将们也很佩服冯将军的主意，要不是跟着冯将军，这些信息上哪里找去！听见蒙大说有两万多人都在反抗法国人，冯子材感兴趣地问："你经常能见到这些部队吗？"

"经常见！"蒙大点点头，很肯定地说："我有好几个亲戚都在那里当兵，我经常给他们递送消息和粮食，怎么会见不到！"

"这可太好了。"冯子材说，"那你以后就负责帮我联络他们，我们要联合起来，一起打跑法国鬼子！"

"没问题！"蒙大郑重地说，"我前两天还去过他们驻地，他们听说冯将军要来，都非常激动，要和您一起并肩作战，将法国人打回老家，我这次就是拼了命也要帮您把话带到！"

和蒙大商量完这件事，冯子材又出门查看地形，这里已经是附近山脉的顶峰，从上往下俯视，山林沟壑，一览无余，丘陵、谷底、隘口、山岭，尽收眼底。

"孝祺啊，你看。"冯子材将王孝祺喊了过来，"你看这山下，不就是一个设伏的好战场吗？我们在隘口修筑一道长墙，连接东西二岭，不仅能够抵御法国人的炮火攻击，还能彼此呼应，往来游走。我们再派遣主力镇守长墙，两支奇兵在东西岭遥相呼应，彼此应援，一处有难，各处支援，就不用怕法国人的进攻了！"

王孝祺本来没反应过来发生了什么，听到冯子材的描述立刻兴奋起来："是啊，我们再在横坡岭设置一两营的部队，在法国鬼子入关后不断骚扰阻击，挫其锐气，阻碍进军，等到他们士气衰竭，后援不足，就可以关门打狗，堵笼捉鸡！"

"嗯，你说得很好，我们用长墙消耗敌人的炮火，使敌人失去火力优势，再通过此地调遣千军万马，捕捉敌人的破绽，最后前后夹击，一网打尽，可以收获大胜啊！"冯子材指点江山，意气风发，感觉一天内所有的抑郁都消失了："如果真的能见到这一天，真是死了都值了啊！"

王孝祺也非常激动，他的脸红红的，一时间不知道说什么好，只是不断地念叨着："真是值了，真是值了……"等他从兴奋中清醒过来，好像是想到了什么，立刻补充道："东边的油隘不是还有王藩司的楚军吗？我们如果能够在西面的扣波布置一支部队，等到法国鬼子入关仰攻城墙时从后包抄，他们一个都别想跑！"

"说得不错。"冯子材立刻想到了这一点，"走，咱们去见一见这个王藩司。"

王德榜所在的油隘距离镇南关有三十多里，路途颇为遥远，但是冯子材求战心切加之急于战胜敌人，所以一行人快马加鞭，终于在入夜时分赶到了楚军的驻地。

等到了楚军驻地，问明白了王德榜的营帐，冯子材却大吃一惊：在他心目中，这位左宗棠手下的湘军名将应该是一位雄姿英发的将军，却没想到王德榜却独自在营帐中喝着闷酒，桌上杯盘狼藉，污物四处，可谓是窝囊至极。

听到冯子材前来，王德榜跟跟跄跄地前来行礼，却不防脚下一滑，若不是被亲兵搀扶了一把，差点摔在地上。

"王将军，你怎么弄成了这个样子？"冯子材惊讶地问。

"唉，冯大帅，一言难尽啊。"王德榜将几人让进屋内，打开了话匣子。

王德榜，字朗青，湖南江华人，本来是湘军左宗棠部下猛将，英勇善战，因为战功升任福建布政使。光绪九年，左宗棠意欲往广西抗法，因为误信了黑旗军刘永福为王德榜旧日属下的谣言，就先派遣王德榜的十二营军队入关，而从此开始，王德榜就开始霉运缠身。

王德榜于光绪十年（1884年）二月率领军队赶赴龙州，恰逢北宁战败，一片惶急，当时朝廷有意让他署理广西提督，他却因为左宗棠已经调任福建督办军务，不愿意留在广西，于是推辞不就。接着，他要求撤军离开广西，却没有得到批准。过了几个月，正好是南方天气最热的六七月间，瘴疠发作，疾病流行，他的部下大都不是本地人，得了水土不服的疾病，死伤接近两千人，元气大伤。无奈之下，他只能请求另行招募，凑足十二营六千人部队。

时间不等人，等他完成整编，已经是当年十月之后了，这时候其他各军已经出关作战多时，只有楚军迁延日久未能成行。朝廷对此感到非常不满，多次下旨催促他出兵，搞得王德榜非常狼狈。

终于，在多方催促下，王德榜在十一月率军出关，奔赴抗法一线。本来想着出关之后能够打个翻身仗，也算是结束这段霉运，可谁知道他却在丰谷遇上了法军主力。一面是乘胜而来的法军主力，一面是新募不久、遭逢疾病的楚军，谁强谁弱自然一目了然。在苦战数日之后，王德榜力不能支，折损千余部队撤回。

按说，这种情况下主帅应该给予理解，体察一下部下的心情，可谁知道广西前线主帅潘鼎新是淮系人物，一向对于湘系军人怀有成见，不仅不加以体恤，反而奏报朝廷，指责王德榜"平时贪刻骄愎，有取败之道"，平日里就是贪婪刻薄骄傲自大，失败是理所当然的。这样一来，王德榜名声顿时一片狼藉，平日里的辛苦作战也成了一纸空谈，是以王德榜对于潘鼎新心怀怨恨，不肯出力打仗。

说到这里，王德榜已经是老泪纵横："冤啊，冯大帅，我可是真冤！不是我不愿意打仗，而是天气和疾病的原因啊！"

冯子材见状，不愿意再刺激这位倒霉的将军："王将军不要这样，要知道我们马上就要和法国人开战，你要注意身体，保留有用之身啊。"

"恐怕我是看不到那一天了，末将马上就要大祸临头了。"王德榜摇摇头，一脸愁容地说。

"此话怎讲？"冯子材大惊失色。

叹了一口气，王德榜泪眼双垂，不再说话，只是拿起桌上酒杯喝酒，喝到急时，呛得王德榜一阵咳嗽，酒液喷洒出来落到衣服上，瞬间就是一大片污渍。

"王将军，有什么不能说的吗？"冯子材耐着性子问，"有什么难处我们可以一起解决，何必在此喝酒消愁？"

"唉，冯大帅既然如此说了，我也就不再隐瞒。"王德榜叹息着说道："琴帅因为谅山、镇南关的惨败，将过错都算在了卑职身上，上奏说'王德榜坐拥十二营，飞催不至，掣肘万分，以致大败'，卑职百口莫辩，如果天威震怒卑职将死无葬身之地啊！"

"竟有这种事情？"冯子材悚然而惊，"琴帅竟然如此狠毒，不怕败坏国事吗？"

"国事？哼哼，在他眼里哪有国事，有的全是自己的升官发财罢了！"王德榜又是一大口酒喝了下去，"也罢，也罢，卑职就趁着性命还在多喝几杯、多吃几口吧，省得黄泉路上做个饿死鬼！"

"王将军，你说琴帅将过错都算在你身上，可有证据？"冯子材没有被王德榜的话打动，只是很平静地问。

"怎么没有证据，可是谁会听信呢？"王德榜愤愤地从桌里拿出几封潘鼎新的手令，递给冯子材看："当初法国鬼子进攻谅山，二十三、二十四日，我奉琴帅的命令从那阳回防谅山，二十五日，更是奉命急行军赶赴距离谅山前线三十里的牛墟。然而，等我快到地方，琴帅又发命令说冯军有八营兵马驻扎，不用继续前进，如果谅山有险情可以乘虚直捣船头，牵制敌人。

等到我在二十九日到达禄州，那时候谅山已经失守，我这时候又奉张香帅的命令回守东路，一直到正月十一日才接到琴帅命令，回防镇南关，但是我等到十二日才听说九日镇南关已经失守——从我军驻地到镇南关一共两百多里，琴帅事先不调我去前往驻守，等到敌人打来了又不让我坚守待援，等到打输了也不能聚合兵力进行反击，现在却把过错都安在我身上，如何能使我信服？"

冯子材认真地听着王德榜的申诉，一面细心阅读着手中的几份手令，在心里暗暗模拟着当日的战况，发现和王德榜所言完全相符。等到王德榜说完，冯子材面色严肃地说："既然其中有这些波折，那我一定不能坐视不管，日后如果朝廷问责，我一定尽力为你分辩！"

"冯大帅，您这可是再造之恩呐！"王德榜大喜过望，"倘若这次能够逃脱此劫，我一定为您立个生祠，日日拜祭！"

"这大可不必。"冯子材摆摆手，拒绝了这种感谢，"那我不成了魏忠贤一样的人物了！"说完，他又指着桌子上的一大堆杂物："现在大敌当前，国家多难，正是国家军人为国效力的时候，而王将军却夜夜醉生梦死，不问军务，恐怕不太合适吧！"

王德榜面有愧色，踌躇了一会说："末将遭受污蔑，身名俱臭，恨不能以死正名，以身殉国，也强过这样苟且度日，只是报国无门啊。"

"既然王将军有心雪耻那就是最好不过。疆场之事，以胜负分功过，战胜则一好百好，希望将军能努力振作，和我一起打一个大胜仗，洗雪前耻。"冯子材目光灼灼地看着王德榜，"王将军，我打算将法国鬼子诱进包围圈中，一网打尽，你可有意一起杀敌？"

"竟有此事？"王德榜大喜过望，"既然冯大帅都说了要诱敌深入，那我洗雪耻辱指日可待了，末将愿效犬马之劳！"

"好，很好。"冯子材点点头，将自己的计划说了出来，引得王德榜连连点头。接着，冯子材又说："此战关系甚大，决定越南今后五十年归属，我们务必要齐心协力，痛击法虏！"

"好，末将必定誓死相随！"

第四章　镇南关大捷

山雨欲来

从镇南关勘察地形回来，冯子材和王孝祺召集了两军将士，准备安排驻守关前隘口的方案。按照王孝祺的想法，勤军兵强马壮、枪炮精利、久经战阵，可以承担防守长墙，正面迎敌的重任，萃军新募成军，实力不足，可以布置在东西两岭作为后援，配合长墙上的勤军作战。然而，虽然感动于王孝祺的杀敌热情，冯子材却不大同意这种安排。其一，萃军分驻东西两岭，虽然有奇兵的功效，却联络不便，不能协调；其二，冯子材身为军队主帅，如果不能居中策应，偏处一隅，那么就不方便指挥，不能发挥军队的全部实力。

是以，最后两人商定，由萃军驻防长墙和东岭，勤军驻扎西岭，统一听从冯子材的命令行事，相互策应，相互支援。等到商议已定，冯子材就命令幕僚将商议结果写成条陈，准备禀告给潘鼎新施行。正在撰写时，就有潘鼎新的传令兵赶来，声称有紧急军情，必须召集众将商讨。于是，冯子材就带着王孝祺往中军方向赶去。

等他们赶到中军，已经是全员汇集。在场的军官大都是冯子材的老部下或者后辈，是以对冯子材非常尊敬，冯子材也一一和他们行礼。

潘鼎新已经从前几日的惨败中恢复过来，面色已经恢复正常，没有先前那么憔悴。只见他环顾了众人一眼，缓缓开口说道："根据探子禀报，法虏有进军芤葂，偷袭我们龙州后路的迹象，我今天召集大家，就是要商量一下如何迎敌。"

等他说完，他身后的幕僚就拿出手中的一叠探报，高声朗读起来，这些探报有边境居民的情报，有清军探子的汇报，还有越南抗法军队主动送上来的信息，意思大都是法军近日来连连派遣小部队到镇南关以西三十里的扣波和扣波西北一百余里的芤葂，似乎是准备绕道偷袭龙州后路，从背后攻打镇南关。

等到幕僚朗读完，潘鼎新看了看面色凝重的将领，又看了看自己手中的情报，开口问道："依诸位之见，这情报是否准确，我们如果要分兵迎敌的话，又该如何安排？"

潘鼎新话音刚落，一心立功的苏元春就高声大喊："末将愿意前往芤葂迎敌，一定将法虏全部击溃！"

"末将也愿意！"

"末将带五千兵力就能守住芤葂！"

苏元春开头，其他诸将也不甘示弱，纷纷叫嚷起来，要求前往尤蒍迎敌。

潘鼎新苦恼地看了吵吵嚷嚷的将领们，摸了摸自己隐隐作痛的额头，看向一言不发的冯子材："冯将军的意思是……"

冯子材本来不愿意在这种吵吵嚷嚷的情景中发言，但是将领们闹闹哄哄好像儿戏一般要求出征让他有些不能接受。毕竟，此事攸关战局走向，将要决定边关安定，实在不可以草率处理。是以，等潘鼎新问及自己，冯子材也不再沉默，而是拿出一沓蒙大等人送来的情报，开口说道："这几天，我联络了越南抗法军队，还派出许多探子前往谅山、文渊进行调查，得到了一些情报。"说着，冯子材将手里的情报分给在场将领，等他们都拿到了，才继续说话："根据线报，法国人西线吃紧，正在四处调兵支援，并没有在东线大举动兵的迹象，想来不是什么真实消息。此外，我军在镇南关外多次遭遇法虏间谍，我倒是担心法虏会进犯镇南关——所谓的绕袭龙州，很有可能是法国人的声东击西之计！"

冯子材的话引起了在场众人的注意，毕竟法国人一向狡猾奸诈，也不是没有这种可能，于是大家纷纷思考起来。然而，毕竟兹事体大，大家不敢轻易发言，只是你看看我，我看看你，不约而同地一言不发。

看到冷场无人发言，潘鼎新又问冯子材："依照冯将军的意思，到底是分兵尤蒍迎敌还是加强镇南关的防御呢？"

沉思了一下，冯子材坚定地回答：“法国人狡猾无比，不可轻视。他们现在既然放出了进攻芫蓼，绕袭龙州的风声，就难保不会有这种举动。而我军新遭挫败，士气低沉，军心不振，如果能够出击芫蓼，不论战与不战，对于士气都是一种振作。是以，我认为出击芫蓼是势在必行。但是，镇南关一路直面谅山、文渊敌人，且距离不过半日路程，法虏一日之内就可叩关而入，到了那时，就会重演边关扰动、全省震惊的旧事，不可不防。依我之见，不如兵分三路，一路由苏军率领前往芫蓼，阻遏敌人绕道龙州的意图；一路由萃军、勤军驻防关口前隘，防备文渊的敌人；大人则坐镇海村，总揽全局，伺机援应。”

听到冯子材安排得有条不紊，而且自己只需要坐镇后防，不需要上前线，潘鼎新立刻拍板：“我看这个主意很好，各位还有没有别的想法？”

见到无人回答，潘鼎新自顾自地说道：“我军现有军队八十营四万余人，足够调遣。我现在发布命令：苏军门率领本部十八营及广武军十三营前往芫蓼迎敌，务必守住镇南关后路！马总兵六营驻扎牧马不动，保护滇桂通道；王藩司全军十二营仍旧驻扎油隘，防止法虏向东逃窜；冯将军、王总镇率领萃军、勤军驻扎关口前隘，抵御文渊之敌；余下各营随我驻扎海村，作为各路军队后援！”

军令如山，统帅一声令下，各位将军纷纷应道：“得令！”

既然部署已定，那就必须一丝不苟地执行。冯子材、王孝祺带着萃军、勤军两军将士驻扎关口前隘，每个营各认地段，分配执行，你争我赶地修筑长墙、地垒。为了加快速度，冯子材还让将士们和劳役分成两班，昼夜轮流施工，自己则把中军大帐设置在长墙旁的小山上，以便日夜监督施工。

　　虽然身在长墙，然而冯子材却不得不分心多用，牵挂着各方面的情况：他最牵挂的是芄莳方向的情况，毕竟，假如法军真的决心攻打芄莳，绕袭龙州后路，那么修筑长墙就成为无用之举，不仅所有辛苦付诸东流，清军还将在没有工事掩护的情况下直接面对法军的炮火。相反，如果芄莳方向没有敌人，那就意味着镇南关将会成为将来决战的战场，萃军、勤军将要直接面对法军的攻势，必须谨慎谋划才能取得胜利。

　　正是因此，冯子材除了安排人抓紧工期之外，还多次派遣蒙大领着探子潜入文渊、谅山、北宁等地打探敌情，最远甚至到达了河内。正是在这些谍报中，冯子材了解到就在军士修筑长墙期间，法军多次派遣小分队窥伺镇南关，甚至还有一次有几千军队登上关口，偷窥长墙修筑情况。

　　这让冯子材出了一身冷汗！要知道，此时长墙尚未修筑完成，部队没有庇护，很难在野战中和法国人争胜，如果法国人居高临下地掩杀下来，战果如何不难想象！

　　幸而，芄莳的情况很快就明确了，法军只派遣了小股侦察部队在芄莳袭扰，没有大部队行动的痕迹。在扣波的杨瑞山立刻进行追剿，擒获大象一头、生擒象奴二人，等到苏元春率领大军赶来，尢莳一带已经没有法军的踪迹了。

得知尢莳一带已经没有爆发战事的可能，冯子材感觉身上的责任更加重要了，这不仅是因为战事即将在他所修筑的长墙附近爆发，更是因为国家边关安全就系于一身，实在是不得不谨慎处理！

将士们也很理解冯子材的心情，是以工作起来没有怨言，工程进展很快，在正月底之前就彻底完工。为此，冯子材特地派人前往海村中军邀请潘鼎新视察防务。

本来，潘大人是无论如何不敢亲临前线视察防务的，毕竟兵危战凶、不可不慎。然而，毕竟现在还没有开战，长墙也修好了，不管怎么说都能让自己有时间逃跑，是以胆小如鼠的潘鼎新也抖擞起精神，在冯子材、王孝祺二人的陪同下细细勘察关前防务。

不得不说，冯子材军队的工程修筑素质是很好的：他们沿着东西岭下横向延伸的山冈修筑了一道长墙，长墙由土石结构修筑，夯实紧密、构造精巧，可谓是易守难攻。这座长墙横穿山谷，将整个关道截为两段，高七尺，底厚一丈，通体都有砖石搭建，能够承受重炮长时间的轰击。不仅如此，长墙上面还有密布的垛堞和女墙，方便士兵侦察设计，墙外有若干栅门，用于士兵进出，名曰"先锋栅"。墙外挖有一条四尺宽、五尺深的壕沟，这是为了防备法军攀爬长墙专门挖掘的，只要法军胆敢攀爬，就必须先从壕沟里爬过去！此外，长墙后面大约一里，修筑有一条和长墙平行的土墙，土墙上也开有小门，所有人进出必须对上口令腰牌，否则格杀勿论，这叫做"栏冈栅"。至于守军，则驻扎在两道长墙之间，里面不仅设有营帐、仓库，还有冯子材模仿滇军修筑地垒的方式修建的地垒，可以防御法军的炮火。除此之外，地垒地下四尺处挖有坑道，坑道宽六尺，深五尺，蜿蜒曲折，幽深密布，每隔六尺开一个垛口以供出入。总的来说，虽然不能和现代防御体系相提并论，但是这种防御体系在当时清朝的科技水平下已经做得非常不易了。

"嗯，很不错，很不错！"潘鼎新跟着冯子材上高墙、下地垒，累得浑身是汗，走了不到半个时辰就累得不行了，连忙说，"我很相信冯将军的能力，这剩下的也不用看了，我觉得做得非常好，一定能让法国人有来无回！"

"琴帅，您看，我们这垛口高于地平，专门为了应付法军炮火。等到打仗的时候，每个城垛驻守十人，法军放炮就躲入坑道，炮火之后立刻回防，构造特别巧妙。"冯子材意犹未尽，仍旧拉着潘鼎新介绍，"即使法军炮弹落入坑道，也只能炸伤一垛士兵，不会伤及其他，而我们却能彼此呼应，相互防守。"

"嗯，冯将军，我也看到了。"潘鼎新喘了口气，接着说，"防线我已经看过了，我还要跟你说一下芄蔀的事情。"

冯子材已经得到芄蔀地区的敌人不过是虚张声势的信息了，但是他还是表示洗耳恭听："大人请讲。"

"这次大军出击芄蒜,结果劳师远征,寸功未建,你的看法果然是正确的!"马上就要开战,而且战场就在此地,是以潘鼎新特别倚重冯子材,言语之间也不乏示好的意思,"冯将军果然是宝刀不老,有你在此法虏休想得逞!"

"大人谬赞了。"冯子材谦虚了一句,"您居中策应,也是居功甚伟。"

"这个先不说了。"潘鼎新叹了口气,有些郁闷地说,"法虏阴险狡诈,难以揣测,去年十一月车里之战,我本以为法军会攻击苏军门的部队,谁知受损的却是王藩司;去年十二月谅山一战,本以为士气受挫的王藩司会遭到攻击,却不料法军又进攻苏军门。正月镇南关之役,张香帅曾经多次用电报提醒我,法国人意在占据越南全境,不会轻易进攻我国本土,谁知道法国人却打败了我军,一举攻克镇南关……我军左支右绌,疲于奔命,难以揣摩敌人心思,形势真是日渐苦难啊!"

"是啊,如果被动应战,来回奔波,可是犯了兵家大忌,实在难以建功。"冯子材皱着眉头,接着说道,"我们必须另寻他法,调动法军,让他们疲于奔命。"

"如果真能够这样那就好了,但是法军又不会听我们指挥,乖乖到我们让他去的地方。"潘鼎新没什么军事知识,只好把希望寄托在冯子材身上,"冯将军可有什么好办法?"

"末将倒是有一个计划,不知可行不可行。"

"快快说来。"

冯子材指了指墙外的群山："我军刚到关前隘口，法虏就闻风赶来，派遣间谍多方探听，甚至还派出了大队人马驻扎关口，但是一直不敢叩关直入——我一直以为其中有诈。直到几日前我才知道，原来谅山的法虏已经派出一半人马支援宣光，谅山沿线只有一半的军队，是以他们虽然气势汹汹，却心有余而力不足，绝对不敢轻启战端。"

"冯将军，这又能说明什么呢？"潘鼎新此时已经完全被冯子材牵着走了，"你可有什么办法让他们主动出击？"

"法虏不过来，却不妨碍我们过去，只要我们去打他，把他打疼了，打狠了，他们感觉尊严受辱，自然会倾巢出动。到了那时候，我们就能以逸待劳，轻取敌军了。"冯子材侃侃而谈，一副胸有成竹的样子。

"那我们应该如何做呢？"潘鼎新越听越入迷，"冯将军有话尽管说，我一定全力支持你。"

"长墙已经建好，我们已经事先立于不败之地，可以谋取胜利了。"冯子材拍了拍自己花了巨大心血建筑的长墙，接着说道，"我打算派出小股部队夜袭文渊，只袭击而不占领，杀死他们的士兵和官员，激怒他们。等到他们被我激怒调动，倾巢出动的时候，我们就利用长墙挫敌锐气，然后逐步诱敌深入，一网打尽！"

"好计，好计！"潘鼎新连连点头，"我觉得非常可行，要抓紧去办。"

"法虏连战连胜，此时正是气焰嚣张的时候，只要我们轻轻挑拨，稍微激怒，就会让他们迅速失控，是以，激怒他们不是一件难事。"冯子材点点头，"就是还需要琴帅鼎力配合，和我一起将法国人一网打尽。"

"没问题，本帅与冯将军齐心合力，将法虏一网成擒！"潘鼎新哈哈大笑，一副志得意满的样子。

倾巢出动

此时的法军统帅是尼格里，一位出身法国里昂军人世家的壮年军人。尼格里从小崇拜拿破仑，有志于为法兰西帝国的扩张贡献自己的力量，是法国列强侵略落后国家的急先锋。自从二十岁从军校毕业以来，尼格里先后在阿尔及利亚、突尼斯等地服役，从少尉排长做起，一直升到了准将头衔。相比起很多参军没多久就战死沙场的朋友同学，这位尼格里先生运气不错，没有在十几年的南征北战中受伤，一直顺风顺水，官运亨通，最后参加了法国侵越远征军。

所谓"人心不足蛇吞象"，尼格里不满足于目前的成就，更不愿意仅仅当一名少将，他的目标是成为一名元帅，是以，他一直在寻找展示自己军事才能的机会。不久前，他就曾经率领一个旅团的兵力攻击镇南关，不仅杀死了一名清朝将军，还焚毁了象征中国南大门的镇南关城楼。

正是因为这一连串的军事胜利，尼格里志得意满而骄纵无比，自我陶醉的他认为落后的中国军队没有任何抵抗能力，完全不是法兰西帝国军队的对手。正是因此，他不断向上级汇报，要求允许自己主动出击，大举进军中国腹地，大大扩展法国殖民地的版图。

在得知了冯子材的萃军、勤军驻扎关口前隘的消息时，尼格里下意识地认为有必要给这支"目中无人"的中国军队以一点教训，所以他立刻率领全部军队向镇南关进军，意图打击中国军队的士气。

然而，等到尼格里登上镇南关附近的制高点，用望远镜观察中国军队的阵地时，却发现中国军队远比他想象的更加庞大：不仅是从凭祥到镇南关的大路和高山上布满了清军帐篷，就连长墙内部的营地也是人头攒动、人声嘈杂，显然兵力雄厚，不容轻侮。这就让尼格里产生了矛盾心理，一方面，他认为清军有这么庞大的军队却不敢在镇南关关口设防，不敢和法兰西军队展开正面作战，无疑是胆怯的行为；另一方面，这么多的清朝军队也让他感觉难以处理，没有必胜的把握。

所以，尼格里在犹豫了很久之后，还是没有决定发动攻击，而是悄悄地撤了出来，这就给冯子材留下了充足的修筑工事的时间。

历史上有很多巧合，很多巧合有时候就决定了一次战役的胜败甚至一个国家的兴旺。倘若此时尼格里发动进攻，还在修筑工事的冯子材军队肯定难以阻挡，腐败的清朝军队也很难来得及进行救援，中国抗击法国的努力可能会就此白费。幸而，生性谨慎虽然让尼格里多次死里逃生，也让他不敢轻举妄动，贸然发起进攻，也给中国军队留下了巩固防御的时间。

然而，侵略者毕竟是侵略者，他们欺软怕硬的本质和爱贪便宜的本性是不会改变的，在拒绝了军方的命令后，尼格里得到了前往芄葑的小分队遭到清军驱逐、部队有所伤亡的消息，这让他感到自己的尊严受到了侮辱。

"虽然敌人的兵力强大，我们不能攻打龙州，但是可以适当地惩罚一下胆敢攻击法军的中国军队。"这样想着，尼格里改变了固守待援的想法，主动请示波里也："如果中国军队进攻，我将指挥军队反击，并且跟踪进入敌人的阵地，在击溃他们之后立刻撤回。"

冯子材想得不错，尼格里虽然欺软怕硬，不敢正面攻击兵力强大的清军主力，但是侵略者贪婪天性又让他不肯放过任何一个有可能获得战果的机会。

见到尼格里主动请战，波里也非常开心，立刻回复："我赞成您的计划，更信赖您的智慧和谨慎，我相信您一定能将事情做好，再次创造出攻占镇南关的奇迹！"

得到了上司的肯定，尼格里想了很多：他先是想到了自己在打败了清朝军队后获得司令部的嘉奖，军衔提升、荣誉提升，成为法国军界的一颗新星；他还想到了自己将成为巴黎上流社会谈论的热点，无数名媛贵妇将付出一切代价只为了和自己见上一面，自己将成为上流社会的风云人物；他还想到自己的名声将永远在这块土地上传扬，成为一个永垂不朽的字眼——法兰西帝国尼格里元帅！

想到这里，尼格里只觉得浑身燥热，迫不及待，只见他摩拳擦掌，蓄势待发，只等着清军再来骚扰，自己立刻带兵出击，击溃胆敢冒犯法兰西帝国军威的中国人！

然而，还没等尼格里从他的幻想中醒来，坏消息就来了——二月五日深夜，数以百计的清军潜入了文渊城内，大肆进行破坏破袭，他们焚毁了建筑、向法国堡垒开枪射击，打死仓皇应战的数名法军，还炸毁了法军的两座堡垒。最令人气愤的是，这些清军不仅在街道上明目张胆地大肆骚扰，打得不明就里的法军不敢上街，还折腾了整整一晚上，直到天亮才大摇大摆地离去！

不用说，这是冯子材派出去进行骚扰的清军。这些清军大都是当初被冯子材留下的精锐士兵，精通"特种作战"，曾经骚扰得法国士兵不敢单独行动，而现在，在蒙大等越南当地人的带领下，他们比法军更熟悉地形，在城市里的行动简直可以用神出鬼没来形容。而且有心算无心之下，谁也不知道他们的目标是什么，目的是什么，更加难以抵挡，所以法军被打得焦头烂额，完全组织不起有效的抵抗。

"这是侮辱，这是对法兰西帝国勇士的侮辱！"尼格里听到消息后勃然大怒，得到上司肯定的欢欣鼓舞也一扫而光，他一边咒骂着胆敢挑战自己的权威的清军士兵，一边命令副官集结军队，要亲自带领军队攻击镇南关！

前往前线侦查的蒙大等人很快就把法军倾巢出动的消息禀报给冯子材，而这时已经是二月初七的四更天了。

冯子材听着法军出动的消息，心情激动，不能自已：这一天终于来了，经过那么多日夜的准备，那么多中越军民的苦心经营，法国军队终于被激怒了！

冯子材这时候根本睡不着觉，一得到消息后立刻将将领们召集起来进行战斗部属。

"各位，我刚得到消息，法国鬼子终于打过来了！"冯子材面色严肃，看着端立在面前的将军们，大声说道，"你们知道这意味着什么吗？"

"禀报大帅，我们要杀法鬼了！"杨瑞山立刻大声答道："末将愿意打头阵，死战不退，一定要把法国人全部杀光！"

"我也愿意！"另一名将领说得慢了一点，"我们全营上下五百名官兵就等着这一天了，您老就等着看吧！"

"好，很好！"冯子材满意地点点头，"时间紧迫，没什么能说的，而我觉得对于你们，对于真正的军人，多余的话也不用说。我只有一点要求：痛歼法鬼，以身报国！"

"痛歼法鬼，以身报国！"将领们齐声大吼，士气旺盛！

接着，冯子材下达了军令："第一，全军将士马上埋锅造饭，天明就要进入阵地，与敌决战；第二，左军督带兼中营管带、参将梁振基及左军左营把总黄万桂，率领部队前往横坡岭布阵，等到法军入关，你们抵抗一阵后，马上撤回长墙；第三，派出信使联络各方军队，一要联系海村潘鼎新，让他在战役打响后派出援军；二要联系油隘王德榜，让他及时抄略敌军后路，三要派人飞马前往扣波，命令杨瑞山、麦凤标所部五营准备守护关口前隘！"

"得令！"将士们领导命令后纷纷出营，准备作战。

发布完命令之后，冯子材走出营帐，看着离去的将领们，心情百感交集。

他想到了自己当初从军的时候，只是为了报复刘八欺侮的仇恨，只是为了混口饭吃，根本没有任何"当兵保家，以身报国"的想法，也更谈不上什么"家国大义""天下兴亡，匹夫有责"，自己的全部想法都不过是"当兵吃饷，打仗吃粮"；之后，自己也的确打了不少仗，但是几十年来都是和自己人打仗。虽然取得了不少胜利，可是那都是自己人，都是中国人，算不上什么好汉。

本来以为自己这一辈子就这么过去了，虽然当了个官，管了几万人的军队，但是也没作出什么值得夸耀的功绩来，只能就这么无奈离世。谁曾想，人世间的事情就是这么光怪陆离而难以揣摩——等到自己垂垂老矣，年过花甲的时候，朝廷还要自己扶病出征，保卫国土。

这就是所谓的命运吧，冯子材有时候会常常问自己，假如当初没有被刘八捉去，假如当初没有选择从军，假如当初没有答应出关作战，事情又会是怎样的呢？

然而，一切都没有如果，历史也容不得假设，事实是，自己的确从了军，也受朝廷嘱托要保卫边疆。冯子材想起了出关时广西人民扶老携幼，夹道欢送的场面；想起了越南人民水深火热、不堪重负的凄惨景象；想起了将士们士气如虹、挥汗如雨的建设场面，他深深地知道，自己身上已经承担了太多太多，容不得半点懈怠。

正面交锋

二月初七，正是初春天气，大雾弥漫，细雨如酥，到处洋溢着一种湿润的氤氲感，山岭、丘陵、道路、草木，无一不被遮掩在层层迷雾中，远远看来，只能看见影影绰绰的人影。

前往前线勘察敌情的是冯子材在镇江的老部下梁振基，一名以灵活应变、足智多谋著称的将军。在得到了冯子材的命令后，他丝毫不敢怠慢，命令部队早早吃完了早饭，在远处的天际刚透出一丝微光的时候就带队出发了。

微雨天气，山路都变得湿润了，人走上去也颇多不便，甚至有可能滑倒，幸亏萃军士兵连日来已经熟悉了地形，才能完成这种行军任务。好不容易来到横坡岭，梁振基先清点了部队人数，确定两营兵马到齐，随后下令士兵依托地形修筑防御工事，此外，他还派遣了中营前哨哨长张成带领本哨十名士兵前往关楼探查，以便侦察敌情。

另一边，正好在梁振基率领部队驻扎在横坡岭的时候，尼格里率领的第二旅团主力三千多人以及越南"伪军"部队两千人也从文渊出发，朝着镇南关一路行军而来。

出乎尼格里意外的是，镇南关并无中国军队把守，这让他非常吃惊。尼格里一开始不相信"胆怯的中国人"竟然会不依托镇南关进行决战，直到他的侦察兵第二次向他汇报这一点时，他才相信"胆怯的中国人"竟然也不是那么"胆怯"。

"他们会在哪呢？"尼格里一边想着，一边派出来自非洲的骑兵部队到前线侦察，自己带着士兵们原地休息、恢复体力。

为了保持隐秘，法军骑兵的马蹄上都缠了布条，目的是不

镇南关清军布防图

被人从大地的震动中察觉出他们在行军。然而，马匹沉重的步伐还是被警惕的中国士兵感觉到了。

"嘘——隐蔽！"哨长张成当机立断，决定伏击这一支骑兵小队，于是让士兵跟着自己躲在了道旁的大树和草丛中。此时的太阳已经升起，雾气逐渐散去，虽然仍旧不能够看清楚远处的事物，但是也不再影影幢幢，可以瞥见几坨黑影逐渐现身。

这些法军骑兵们身着笔挺的军装，没有穿戴厚重的胸甲，胯下是来自优良马场的高头大马，腰间悬挂着闪亮的马刀和马枪，显得威武雄壮而英武不凡。他们哼着小调，左右顾盼表现得非常轻松而无比惬意——似乎在他们看来这次出征也仅仅是一次郊游，根本算不上一次"战争"。

是啊，法兰西帝国在征服世界的路上从来没有遭遇过太多的打击，法兰西更是人人向往的世界强国，他们又有什么可怕的呢？这些骑兵来自世界鼎鼎大名的军事强国，都是拿破仑大帝的后裔，此刻他们又是在一个落后地区作战，那些落后而野蛮的清朝人和越南人又怎么能对自己造成半点伤害呢？是以，得意而嚣张的骑兵们任由自己的马蹄轻轻踏在山野间的小路上，自己则左右环视，一副傲视天下的样子。

"动手！"随着张成的一身大喝，他挺身跃起，如同下山猛虎一般，直接跳上了走在最前面的法军士兵的马上，一把将法军士兵拖下马来！法军士兵虽然嚣张，但是身体素质和军事技能都非常好，原地挣扎想要站起来，右手还伸到了自己腰间，打算抽出马刀反击。然而，早有准备的张成手疾眼快，伸手一刀就捅进法国士兵的胸膛，只见这个士兵抽搐了几下就不再动了。

几乎是张成大喝的同时，他带来的十名士兵也同时开枪射击，尖利的子弹呼啸声随着铅弹的射击一起迸发出无穷的力量，狠狠射进了后排的法军士兵体内。能当哨兵的都是射击技能优秀的士兵，是以这一轮齐射"照顾"到了大部分法军士兵，只见六七名法军士兵从马上栽了下来，眼看是中弹身亡了。

失去了主人、又遭遇了枪弹袭击的军马表现得非常不安，他们嘶叫着到处乱跑，很快就冲乱了法军的阵形。遭遇突袭法军士兵们一时间也摸不清到底有多少敌人，只能在慌忙中举枪乱放，且战且退着退往后方。

就这样，中法之间的世纪决战就在两支斥候部队的对决中展开了。

"哪里传来的枪声？"正在原地筹划战争部署的尼格里被枪声惊醒了，他睁开了闭目养神的双眼，发现阳光已经相当刺眼，这使得他不由得眯起了眼睛。很快，他又睁开了眼睛，这次他发现浓雾已经逐渐散去，远山近水也显得清晰无比，显露出了各自的轮廓。尼格里举起了望远镜，向着枪声传来的方向望去，远处丘陵起伏、高低不平，深黑色的土地成为对比鲜明的背景，可以分明看出清军淡褐色军装的身形来。

"派一支骑兵小队接应一下我们的骑兵部队。"虽然恼怒自己的部队竟然会被"低劣的中国人"偷袭，尼格里还是一板一眼地按照步兵操典的规定派出援兵。

再向前看，他已经见过的关前隘口长墙已经建筑完备，如同一条巨蟒一般截断了整个关道，长墙逐渐延伸，一直到了东西两座山岭脚下。长墙上面军旗林立，垛堞众多，驻扎着数量可观的清军士兵。按照以往和清朝人打交道的经验，尼格里知道每一个军旗都代表一营或者一哨的兵力，粗略地计算一下，竟然有超过五千人驻扎在这道长墙上。

再看两边，凤尾山上也插着不少军旗，表明这里也有很庞大的兵力防守，唯有另一侧的小青山仍旧被阴影阻挡，不能分辨具体情况，但是根据那稀稀拉拉的几面军旗来看，这里的军队数目并不算多。自以为找到了清军弱点的尼格里睁大眼睛仔细观察，发现在前面的三座山峰上，可以勉强发现三座低矮的地堡。

这就对了，这就是清军兵力薄弱的地方！清朝人，你们要为自己的草率和冒犯付出代价！

马上叫来了炮兵团团长，尼格里立刻下达命令：集中火力，用炮火猛烈轰击位于横坡岭上的清朝军队，等到清军士气低落时，由111团团长浮尔率领全团一千名士兵，配合一千名越南士兵攻击横坡岭清军！

当然，这支部队在尼格里心中仅仅是一路偏师，最大的作用在于牵制长墙上的清军主力，他的主攻方向是小青山上的清朝军队——只要能拿下小青山，不仅可以获得侦察上的优势，更可以占据制高点，居高临下地打击长墙和其他地区的清朝军队。为了确保作战任务的达成，尼格里把这项重任分派给了他最信任的143团团长爱尔明加，一名和他一样高大、健壮而精明强干的法国军官。不仅如此，除了143团的一千名士兵之外，尼格里还把炮兵部队和剩余的越南"伪军"全数交付给了爱尔明加，要求他一定要完成任务。最后，尼格里让23团团长寿非率领一千人作为预备队，负责警戒油隘方向的清军。

当然，我估计是用不到的，胆怯的清朝人怎么敢主动出击呢？分配完预备队的尼格里在心里暗暗加了一句。

法国人的炮火好厉害啊！梁振基从来没有和法国人打过仗，一向只是"听说"法国人的炮火威力无穷，却从来没有近距离接触过，而今天他算是领会到了——远处的法国大炮发出一枚枚重磅炮弹（其实只是轻量炮，但是清朝人没见过重炮），带着嘶嘶的声响在天际划过一道道死亡的轨迹，轰然落下，砸到地上就是一场剧烈的爆炸和死亡。这炮火好像死神来临，带着刺耳的啸音和夺目的光火，用高热和爆炸夺去人的生命。

梁振基自己还好，毕竟久经战阵、老于行伍，和什么军队都有过交锋，就当这次敌人的炮火比较多罢了！然而，他所带领的却都是些"新兵蛋子"，看到一个个刚才还能说能笑的同胞在炮弹下殒命，有的甚至连尸体都留不下，不免一个个脸色煞白、浑身颤抖，几乎不能行动，更有那胆子小的，尖叫一声就往后方跑去，一点不管前线的战斗。

"妈的，胆小鬼！"梁振基吐了口吐沫，心里想着这样可不行，士兵们这个状态别说打仗，只要法国人一个冲锋就会崩溃！

"砰，砰！"梁振基发出两枪，打死了两个逃兵，大声喊道："谁再跑我打死谁！"一下子，准备逃跑的士兵不敢跑了，只能小心地趴在地上，捂住耳朵，连站起来都没有胆子。

"你们怕个鬼啊，法国人的炮弹也没长眼，还能把你们吃了不成？"梁振基赤红着眼，大声呵斥着，"快快，都给我准备战斗，谁要是丢了我的人我第一个不饶他！"

在梁振基的呵斥下，士兵们逐渐做好了战斗准备，随着炮火的倾泻，士兵们对炮火也逐渐有了一些免疫力，不再像之前那样畏惧了。

或许是还没散去的雾气阻碍了法军观察手的视线，又或许是高低起伏的丘陵地形阻碍了炮火的发挥，法军炮火只给地面留下了几十个大大小小的坑洼，没有伤到太多士兵。

"快，快，准备战斗！"梁振基嘶哑着嗓子，大声喊道，"是汉子就给我顶住！"

雾气散去，炮火停止，法军准备出动步兵冲锋了，等看到法军的阵势梁振基立刻倒抽一口冷气——两千多法军越军士兵排成散兵线，手里端枪，腰腹下落，重心放低，如同一群行军蚁一样汹涌而来。要知道，清军士兵武器老旧，大部分使用的还是老式的步枪、抬枪，几乎没有先进武器，而法军使用的都是射速快、射程远的新式步枪，加上他们精良的训练和高昂的士气，清军几乎不可能抵挡这样的冲击。

幸好，冯子材没有给梁振基下达死命令，只是让他"尽量抵抗"，实在支撑不住可以退入后防迎敌，是以还有一些可以腾挪的空间。梁振基机灵巧变，将一千名士兵分为前后两道防线，相互支援，等到法军迫近第一道防线时，守军略略抵抗，稍微迟缓一下法军的攻势，之后就在第二道防线的掩护下撤退到后方，组成第三道防线——以此类推，逐渐循环，且战且退，逐渐退到长墙附近。

因为梁振基这种且战且退的战法让法国士兵摸不着头脑，不敢轻兵冒进，是以进军速度大大迟缓，直到正午时分才将近推进到长墙对面的一块开阔的谷地附近。这块谷地宽约两三里，除了边缘还丛生有一些低矮的灌木、草丛之外，中间无遮无拦，正好适合火力的发挥。

冯子材和王孝祺利用梁振基争取到的时间，从容地布置了高低配合的交叉火力，将突进的法军压制得不能前进一步，只能原地固守。然而，因为本来就是以牵制清军主力为目的，这部分法军也没有继续攻击，只是时不时地利用密集火力向长墙上的清军射击，或者是假装做出冲锋的姿势，一旦受挫就立刻撤回。这种战法使得清军既不敢轻易出动打击敌人，也不敢贸然出兵援救东岭，只能在此固守，一时间，战斗进入了胶着的状态。

在东岭的小青山的战斗，真可谓是一场血战！

爱尔明加不愧是法国军校培养出来的高材生，深谙拿破仑时代传承至今的法军战术精髓：先用猛烈地炮火摧毁敌人的阵地，让敌人的士气、防御都处于最低点，接着采用步兵冲锋，一举冲破敌人阵地，彻底消灭敌人。是以，当他把部队布置在坡度并不是很高的小青山第一峰（法国人口中的东岭一号堡垒）时，他没有急着发动冲锋，而是命令炮兵布置好阵地，计算好炮击诸元①，用排炮轰击清军堡垒。

在"一号堡垒"驻守的是守备陈之瑞带领的右军前营五百人，其中大多是没有上过战场的新兵。原本，他们的任务不过是作为防守长墙的辅兵，负责摇旗呐喊而已，冯子材也没想着他们能打什么硬仗，然而，偏偏是这些没有上过战场的雏鸟顶上了最为凶狠的法军主力，将要承受最为凶猛的炮火攻击！

当法军在山脚下布置阵地、安排火炮射击时，很多没上过战场的新兵还好奇地走出仓促修筑的地堡，探出身子，居高临下地东张西望，还有人高声朝着法国人叫骂："法鬼快来啊，老子要打死你们！"

然而，他们马上就骂不出来了——法国人的炮击开始了。

---

① 诸元：为命中目标，射击时须装定于武器上的各种数据，根据战术要求、敌我相对位置、运动状态及气象条件等计算确定。

随着一声沉重的闷响，第一发重炮在清军阵地炸响，就如同用巨大的鼓槌去敲打巨大的皮鼓一般，发出震天动地的轰响。很多士兵被震得站立不稳，一屁股坐在地上，脸色煞白，眼花耳鸣。接着，第二发，第三发，一枚枚重磅炮弹由法军的炮口射出，狠狠地敲打在清军的阵地上，一瞬之间，宛若天塌地陷，又好像天崩地坼，只见阵地上大地震颤、草木横飞、土石乱射、气浪翻滚，清军士兵们好像小孩子手里的玩具一般，在这猛烈的轰击中随风摇摆。

陈之瑞是个老军人，今年已经六十多岁了，是和冯子材差不多同时代的人，是以也算是见多识广，但是他仍旧被法军炮火威力震慑住了：一枚炮弹飞来，横横掠过阵地，直直砸在一名士兵身上。刹那间，这名士兵就好像被人用大锤打过的西红柿一样，化作满地血花，四处迸溅！在打死这一名士兵之后，炮弹又在地上多次弹跳，带着巨大无比、刚猛无俦的势能四处跃动，每一次擦过人的身体都要夺去一条性命！

"妈的，都给我停下！"陈之瑞恶狠狠地骂了一句，将已经布满泥土的官帽扔在地上，朝着士兵们大吼大叫。可惜，被炮火打得晕头晕脑的士兵们不仅听不进他的话，反而跑得更疯狂了。

"停下，停下啊！"陈之瑞手持一柄大刀，四处喊叫着、怒吼着、叫骂着，徒劳地想要阻挡住士兵的逃窜，却没有半点效果。

"轰隆！"一枚炮弹在陈之瑞附近爆炸，横飞的弹片削掉了他提刀的右手，手中宝刀哐当一身落在地上。陈之瑞伸出左手，做出想要抓起宝刀的动作，可惜动作还没做完，就轰然倒地！

附近的亲兵见状，连忙将陈之瑞抬起，朝着后山撤去。而几名眼见的士兵看见了陈之瑞倒地的一幕，立刻高声尖叫起来："陈管带死啦！"一传十，十传百，这句话像瘟疫一样在军队中快速传播，用极快的速度打消了所有人的斗志。"跑啊！"随着另一声惊叫，如同潮水一般，所有人都逃跑了。

"哈哈！"从望远镜中看着清军仓皇撤退的样子，爱尔明加发出得意的笑声，"清朝人还是那么胆怯！他们的士兵都是不敢承受炮火轰击的胆小鬼！"接着，如同一位画完画的艺术家得意地打量自己的艺术品一般，爱尔明加仔细地看了看已经被炮火犁了一遍的阵地，这才下令部队强占一号堡垒。

志得意满的爱尔明加兵不血刃地登上了山顶，开始准备下一步的攻势，然而直到此时，他才发现一个很严重的问题：从远处看来连续不断的五座小山峰，走近一看才发现是完全独立的，每座山峰之间都有低洼的谷地隔断，交通非常不便。虽然爱尔明加可以从第一峰上清楚地观察第二峰上守军的一举一动，但是想要接近第二座山峰却要先爬上第一峰，然后下到幽深的谷底，扫除谷底丛生的灌木乱草，一路仰攻上去。

对于训练有素而身强力壮的步兵来说，这些路程并不是什么大问题，但是对于行动不便的炮兵来说，这段路程简直就可以用天堑来形容了。虽然人扛马拉着把大炮运下山峰不是什么太大的问题，但是要冒着第二峰上的守军火力，将火炮运下山峰，再经过低洼的谷地，那可就不是一般的困难了。

要知道，山陡路滑，行军不便，万一有个闪失大炮就容易摔下山去，到时候不仅损失了大炮，还有可能伤到运输大炮的士兵，落得个炮毁人伤的结局。但是，如果没有炮火的协助，仅仅凭借士兵仰攻，考虑到这里险要的地形地貌，胜负可就难以预料了。

无奈之下的爱尔明加只能让绝大多数士兵都去运输大炮，只留下很少一部分士兵警戒，将大炮小心翼翼地扛上扛下。就这样，一寸一寸地挪，一步一步地走，等到爱尔明加将火炮布置好，如同攻克第一座山峰一般攻克第二座山峰时，时间已经到了下午四点多。

万万没想到法军会从小青山动手的冯子材被打了个猝不及防，接连丢失了两座山峰，而到了这时中国军队已经退无可退了——第三座山峰就是小青山最高峰，和长墙相连，一旦丢失了这座山峰就等于丢失了长墙，也就等于打输了这场战役。

"来人啊，备马，老夫要亲自驻守第三峰，绝对不能让法虏攻下！"冯子材须发皆张，声色俱厉，"如果这一仗打输了，前面两座山峰的将领就自裁谢罪吧！"

"大帅，您是万金之体，怎么能亲自犯险？"部将一把拉住冯子材的缰绳，苦苦劝道，"大帅，您要是有个万一，咱们可就全完了啊！"

"传我命令，让第三峰守将冯兆金给我听好了，要是丢了第三峰，我亲自砍了他的脑袋！"冯子材拗不过部将，只能派人连连给守将传令，"此峰事关全局，万万不容有失！"

第三峰守将冯兆金是冯子材的老部下，娴于战阵，老于行伍，麾下也都是百战之师，是以防御力量还算雄厚。早在法军轻易地攻占第一座山峰时，他就意识到法军的意图是攻占小青山，绕道长墙背后袭击，所以当机立断，抽掉了后方第四峰、第五峰的兵力协防，再加上第三峰原有的兵力和前面山峰的逃兵，第三峰的兵力大大加强。

为了应付法国人犀利的炮火，冯兆金利用第三峰地形宽阔而纵深广阔的优势，命令将士摆出纵深阵形，拉长了战线。不仅如此，他还命令士兵抓紧挖掘地堡，将原有的地堡加宽加厚，等到法军开炮轰击时，就立刻躲入地堡中，等到轰击结束，马上出来射击。与此同时，他还挑选了先锋敢死队，利用敌军攻击的间隙骚扰法军，不仅使得敌人失去了准确的射击目标，还减轻了主阵地的压力。

然而，法国人毕竟是老牌列强，他们的士兵不仅是军事技能还是战斗意识都是中国军队不能比拟的——他们灵活地挑选射击目标，专门轰击中国军队阵地薄弱之处，还组织小分队以牙还牙，与中国军队展开对攻。随着时间的推移，中国军队实力不足、素质较低的缺陷逐渐暴露出来，阵地上的压力越来越大，眼看就要守不住了。

"绝对不能让法国人踏过第三峰半步!"冯兆金站立在阵地前沿,手持战刀,声嘶力竭地大吼,"今天阵在人在,阵失人亡!"受到他的鼓舞,士兵们的士气有了提升,纷纷握紧了手中步枪,抖擞精神,和法军决一死战!

就在冯兆金艰难地鼓舞着士气的时候,长墙上驻守的士兵欣喜地大声叫喊着:"援兵,援兵来啦!"冯子材闻言立刻回头,发现通往凭祥方向的大路上烟尘滚滚、马蹄阵阵,再一看,苏元春的苏字帅旗和大清黄龙旗在烟尘中若隐若现。

"太好了,快通知苏将军,立刻援救东岭!"冯子材心中一块大石落地,不禁长出了一口大气,连忙让传令兵赶去传令!

此时,东岭的决战已经到了最后关头,在倾泻了足够把第三峰上每一寸土地都犁一遍的炮火之后,法军发动了最后的冲锋:大批穿着蓝色上衣、手端刺刀的法军士兵弓着腰、瞪着眼、呐喊着、威胁着,咆哮着朝着清军阵地发动了决死的冲击。

此时,山上的防御工事已经荡然无存,到处都是遭到炮火轰击后的凄惨场面,满地碎尸、残垣断壁、树木倒伏、弹片横飞,显得无比苍凉!

"兄弟们,给我上啊!"冯兆金命令士兵依托山上的弹坑、地堡、巨岩作为掩体朝着如同海潮一般涌来的敌人射击。然而,这些清军士兵手里拿的本来就是性能低劣的旧式步枪,不仅射程近而且射速慢,加上清军士兵低劣的射击技术,几乎没有给法国军队造成什么伤亡，即使侥幸能打中，只要不是正中要害也不会有什么效果。

渐渐地，意识到了中国人的步枪不会给自己造成什么伤害，法国士兵的胆子逐渐大了起来，他们站直了身体，平端起了刺刀，朝着山顶就是一顿猛冲。

冯兆金此时已经杀红了眼，他脱掉上衣、赤膊上阵，手里拿着一柄寒霜闪烁的青光大刀，大声叫喊着："兄弟们，这次死也要死在一起！"说完，一马当先地朝着法国兵冲去！看到将军这样，很多打光了子弹的士兵也扔下步枪，抽出大刀，怒吼着朝着侵略者们狠狠杀去！

血肉横飞，身首分裂，已经抱定了必死的决心的士兵们状若疯虎，在法军阵中大砍大杀，手中大刀轻轻一挥，就是一颗人头落地！

然而，虽然清军士兵们勇气可嘉，但是打到现在他们体力已经耗损殆尽，更何况法国士兵身强力壮而久经战阵，是以，他们很快就落入下风。

"唉，天亡我也！"冯兆金一闪身，反手一刀砍死一个想要刺杀自己的法国兵，长叹道，"大帅，来世再和你一起痛杀法国鬼！"

正在冯兆金想着杀一个够本，杀两个赚一个的时候，只听得连接长墙的大路上传来一声声惊天动地的呐喊，有几个士兵惊喜地冲着冯兆金喊道："将军，将军，援兵来了！"

回头看见高高举起的清军军旗，冯兆金身上又充满了力量："来啊，大家加把劲，把法国人一举赶回姥姥家！"

就这样，在生力军的援助下东岭守军士气大振，转败为胜，不仅居高临下一举将前来进攻的法军撵了回去，还打了爱尔明加一个措手不及，趁机夺回了一号和二号堡垒！

眼见天色已晚，夜战不利，又见到清军大举反击，爱尔明加只能带着士兵且战且退，逐渐退回了法军驻地。

浴血鏖战

虽然初战不利，意志坚定的尼格里却没有任何沮丧，他先是狠狠训斥了爱惜士兵生命导致贻误战机的爱尔明加，让他明天一定要不惜死伤，彻底拿下清军阵地，接着，他又给将领们分析了清军的情况：清军的弱点是武器落后，尤其是没有新式大炮，几乎没有任何重火力可言。这样一来，清军只能依靠人数和法军抗衡，但是肉体凡胎怎么可能和重磅大炮相抗衡呢？是以，尼格里认为战胜清军是没有太大问题的。

正是基于这种判断，尼格里决心战斗到底。经过和三个团长以及参谋商议，他制定了新的作战方案：将全旅炮兵配给111团，步炮协同，大举进攻，一举拿下长墙；143团放弃小青山，改为绕过小青山，直扑清军没有设防的大青山，只要能拿下大青山，居高临下地攻击长墙内部，加上111团的前后夹击，一定可以摧毁长墙上的防御。为了确保战斗胜利，23团仍旧作为预备队随时机动，负责保护从文渊到镇南关的运输线，保证运输队可以安全地将临时储存在文渊的武器弹药和物资装备及时送到前线，满足111团炮击的需要。出于谨慎的目的，尼格里还命令23团连夜出击，保护运输队运送弹药，避免耽误第二天的战斗。

平心而论，尼格里的布置可以说是相当得当，如果能得到实施的话至少也会给清军造成很大的麻烦。如果清军新兵支持不住先行溃败的话，很有可能就演变成全体大溃逃，整个中法战争也就会朝着不同的方向进行。

然而，战争中各种意外随时都有可能发生，千头万绪，错综复杂，即使是最精明的指挥官布置的作战计划也有可能出错，朝着他事先没有想过的方向演进，何况尼格里并不是最精明的指挥官。

二月八日清晨，依旧大雾弥漫，目不视物，能见度极差，而这让尼格里十分兴奋，因为这样一来浓雾就是绕道大青山的爱尔明加团最好的掩护，有助于他的作战计划的实施。是以，心情大好的他转而去监督111团布置炮兵阵地，浑然忘记要检查一下其他作战环节的进展情况。

然而，实际上很多战术环节并没有如尼格里想象的那样得到实施。

首先，111团负担的是正面攻击长墙的攻坚任务，制胜的核心在于保证弹药的供给，其中尤以炮弹供应最为关键。然而，入夜后，由于害怕遭遇善于夜战的清军的夜袭，111团将阵地从原来的谷底移到高处，却没有将这种变动告知运输队。在尼格里的作战计划中，运输队需要趁夜间往返两次，才能将111团的弹药补充足够。但是，等到运输队好不容易在午夜时分第一次将弹药运输到原定的谷地时，却发现根本找不到111团的驻地。

在疲劳和困倦的打击下，运输队的士兵和民夫就地休息，呼呼大睡，直到拂晓时分才趁亮找到111团，完成了第一次补给。等到他们交割完弹药，返回文渊准备进行第二次运输时，意外发生了——他们撞上了奉命拦截法军辎重队的王德榜所部楚军。因为走出镇南关距离已经很远，这支运输队只有小部队护送，与楚军兵力差距悬殊，抵挡不住楚军攻势的运输队狼狈撤退，丢下了所有的物资弹药。也正是因此，111团的炮兵只得到了原定计划一半的弹药，尚不足以支持他们完成这次战役。

除此之外，按照尼格里的规划，爱尔明加率领的法军143团以及越南军队共计两千人，应该趁着浓雾蔽天的大好机会绕道小青山，小心地登上大青山，然后从长墙守军的背后发动突袭。然而，"计划赶不上变化"，饶是爱尔明加一丝不苟地执行了作战计划，变故还是发生了——等到他带领军队来到大青山脚下，浓雾已经完全散去，他们暴露在了小青山守军的视线之下。更糟糕的是，大青山地势陡峭，巉岩耸立，连峰插天，不能攀爬，法军士兵花了两个多小时，做了多次尝试，还是不能成功登上大青山。

爱尔明加敏感地认识到，假如还在此处逗留，必然会成为小青山守军进攻的目标，到时候甚至有可能全军覆没。出于这种考虑，爱尔明加将军队带回了镇南关，仅仅派出一名士兵前去通知尼格里战况有变。本来，如果这名士兵能够及时将信息传递给尼格里，至少还来得及修改作战计划。但是，这名士兵却在中途被中国哨兵发现，脚上还中了一枪。虽然忍着伤痛滚进草丛，侥幸逃脱了搜捕，可是等到他连滚带爬、通体带伤地回到尼格里驻地时，战斗的结果已经不容改变了。

浓雾逐渐散去，远处大青山黑黝黝的山体也在望远镜里清晰可见，尼格里看了一下时间，距离143团出发已经将近三个小时——这在作战计划里意味着他们已经爬上大青山随时可以展开作战。

"为什么清军没有作出反击呢？"虽然看到大青山上人影绰绰，但是却没有听到任何枪声，这让尼格里有些奇怪。"难道是清朝人像昨天一样一触即溃，全部逃走了？"

虽然天性里的谨慎告诉尼格里应该再多等一下，但是对于胜利的渴望让他不愿意再作出任何等待。"清朝人都是胆小鬼，他们一定是全部逃走了。"尼格里一边在心里安慰自己，给自己的疑惑找个答案，一边大声对副官下达命令："进攻开始！"

近代战争大都是由猛烈的炮击开始，而今天的炮击相对于昨天的炮击更显凶猛。昨天爱尔明加只带了一部分火炮，对着小青山的地堡和工事进行轰炸，再加上以下对上仰射，声势没有太大，但是饶是如此，已经有很多清军士兵被打得心惊肉跳，兵无战心。

如果说昨天的炮火是人间惨剧的话，今天的火炮轰击简直就是炼狱：全旅将近二十门重炮一字排开，朝着清军修筑的长墙发动轰炸，其他团自带的步兵炮也展开炮击，瞬间将长墙化作一片火海。飞舞的弹片、跳动的实心弹、落地开花的开花弹，由黑黢黢的炮口喷射出的杀人武器从天而降，恶狠狠地轰击在清军的阵地上，将城墙炸开一道道裂口。

不曾亲临其境的人往往很难描述遭受炮轰的情景：在那种密度的攻击下，个人是非常渺小的，整个世界都在震颤、在跳动、在爆炸，没有一处不是扭曲而翻转的。天地翻覆了，被扬起的地皮和飞溅的泥土猛地敲打在你的身上，让你浑身都在刺痛；声音没有意义了，只剩下大脑麻木地接受的刺耳啸音和爆炸轰鸣，除此之外，听不到任何别的响动；颜色都褪去了，整个宇宙好像化作了黑白的世界，只余下四溅的鲜血和泛黄的回忆昭示着你的存在。

在法军炮火的打击下，长墙化作了一片炼狱火海，到处都是横斜的尸体和呛人的烟雾，几乎找不到一处能给人庇护的地方。被清军视作"金汤城池"的长墙在重炮的打击面前就如同纸叠泥捏一般，被呼啸而来闪烁着火焰光芒的炮弹撕开一个又一个大大小小犬牙交错的大洞。炮弹落在空地上，就会炸塌深埋在土里的地堡，将厚达四尺的深坑填成平地；落在营帐上，就只能看见四处乱飞的碎木破布以及如雨落下的泥土砖石；落在人身上，就如同顽皮的孩子打开了一罐红色的颜料，暗红的血浆带着白花花的骨头涂抹了一地，让人作呕。

无论是刚上战场的新兵还是厮杀了半辈子的老兵，都被这种几乎不是人类的力量能够造成的巨大破坏力惊呆了——在他们的世界观中，炮火还仅仅意味着比过年时的鞭炮更响一点的大炮仗，绝对不是这种类似天崩地裂的效果。

正如美洲土著在西班牙殖民者的机枪火炮面前四散奔逃一样，没见过这种火力的清军士兵也被炸得四处逃窜，妄图找到一个能庇护自身的地方。然而，在这种密集的覆盖火力之下，任何逃避都是徒劳的，很多士兵就在溃散的过程中就被炸死了。

很多士兵都无辜地牺牲了，牺牲在他们从没见过的恐怖炮击之下。这种牺牲是无谓的牺牲，也更是落后民族所必须付出的代价。

假如任由士兵们这样慌乱下去，这场战争也就不用继续了，恐慌就像瘟疫，会随着战争的进行传染给所有人。等到其中的很大一部分承受不住恐惧的压力开始溃败，整个军队就会像被推倒的多米诺骨牌一样全部溃散。

冯子材知道不能再任由这种恐慌继续下去，他当机立断，组织了手持鬼头大刀的督战队——胆敢逃过督战队者，斩！

眼见手拿大刀，杀气腾腾的督战队堵在后面，很多士兵也就羞愧地回到了阵地，抓起枪继续作战，但又有十几个人早已心胆俱裂，只知道像没头鸭子一样四处溃散，执法队阻拦不住，只能手起刀落，砍下脑袋，防止扰乱军心。

冯子材不顾四处落下的炮弹，对着士兵大声吼道："如果把法国鬼子放进关，那么咱们的亲戚朋友都要被他们杀死，你们难道不知道吗？"很多士兵闻言立刻明白了自己在此作战的意义，眼神中透过一丝坚定，纷纷站回长墙边上，继续作战。

看到这句话有效，冯子材又大声说道："我向你们保证，你们不退，我也不退，墙在人在，墙失人亡！"

"墙在人在，墙失人亡！"为了鼓舞士气，冯子材的亲兵队长领着亲兵们齐声大喊："都喊起来，墙在人在，墙失人亡！"

一个，两个，很快地，大家都克服了自己的恐惧，跟着亲兵队长大声吼道："墙在人在，墙失人亡！墙在人在，墙失人亡！墙在人在，墙失人亡！"

"墙在人在，墙失人亡！"这雄壮威武而慷慨悲歌的声音在长墙上久久传扬，经久不息。

生死之战

在冯子材的激励下，守军的士气得到了提高，战士们纷纷抓起武器，和法国侵略者决一死战。而正是直到此刻，尼格里才愤怒地知道了143团绕袭大青山失利的信息。

"可恶，可恶！爱尔明加你个废物！"尼格里在指挥部高声叫骂，愤怒欲狂，"要不是你误我大事，我现在就已经拿下长墙了！"愤怒的尼格里在痛骂了爱尔明加一顿之后贼心不死，要求爱尔明加带领143团重新攻打东岭各堡垒，希望故伎重施，再次拿下东岭堡垒以便绕袭长墙。

东岭昨天经历了艰苦的战斗，三座山峰上的工事在遭到了法军炮火的攻击之后荡然无存，只剩下一些残垣断壁和碎木乱石述说着昨日的苦战。虽然清军士兵连夜抢修工事，也仅仅是勉强恢复了部分防御，和昨日相比简直是云泥之别，也就是挖个壕沟勉强藏身。按照来增援的陈嘉和蒋忠汉的意思，应该由他们所率领的生力军接管一、二号堡垒的防务，冯兆金的部队可以借此机会休息一下。然而，冯兆金却不愿意休息，一定要率领萃军右军各营防守一、二号堡垒，与法虏决一死战，以报昨日之仇。

别人都是希望能够不上战场，避免危险，而冯兆金却是主动求战，战意高昂，由此可见清军反击法国入侵的士气高涨，的确不同一般。陈嘉和蒋忠汉争不过冯兆金，只好让他守卫一号堡垒，陈嘉率领毅新军守卫二号堡垒、蒋忠汉率领广武军守卫三号堡垒。

位于镇南关附近的爱尔明加终于得到了尼格里的回应，不出他所料的是，他果然遭到了尼格里的痛骂。深知统帅性格的爱尔明加不以为意，他决心戴罪立功，挽回战局。这一次，他决定不再爱惜士兵生命，就算是用人推也要把三座山峰给推下来。为此，他把手下两千多名越法士兵集结在一起，呈排山倒海的势头朝着一号堡垒猛扑而来。

仇人相见，分外眼红，认出了这就是昨日攻占堡垒的敌人，萃军将士们眼都红了。"兄弟们，报仇就在现在，给我杀啊！"冯兆金右手持大刀，左手持枪，冲着士兵们大声喊道。

　　"杀啊！"很多士兵也想起了昨日战死沙场的朋友同袍，一时间双目尽赤，纷纷叫喊着、怒骂着，将心头的怒火倾泻在眼前的敌人身上。看到法军疯狂冲锋的样子，冯兆金心知要陷入白刃战中，连忙命令士兵将青光刀准备好，随时准备进入肉搏战。

　　法军这一次没有了炮火的支援，只能用人命做代价往清军阵地上冲刺，是以损失惨重，很多人冲锋到一半就被打死打伤了。然而，在急红了眼的爱尔明加的催逼和督战队的枪口的威压之下，法军士兵们还是不得不往前冲。法军士兵弯着腰、弓着身，端起长枪就向着堡垒冲来，即使驻守的清军射出枪林弹雨也在所不惜。

　　"兄弟们，给我上先锋煲！"冯兆金一声大吼，"给我狠狠地砸！"

　　先锋煲就是往砂锅里装了许多炸药的"土手雷"，没有什么太大的技术含量，就算是在家里也可以自行制造。然而，这种"土办法"却有别样的威力，随着冯兆金一声令下，一排排精心挑选出来的"掷弹兵"将手中砂锅狠狠地朝着法军掷出，瞬间将法军撂倒一大片。

　　"给我冲，不许退，给我冲锋！"爱尔明加杀红了眼，挥舞着手中的战刀，看到士兵受到先锋煲的打击萌生了退意，立刻大声吼道。前面是清军的枪林弹雨和会爆炸的"砂锅"，后面是督战队的枪口和面色汹汹的指挥官，法军士兵们只能不顾伤亡地冲锋，将个人生死置之度外。

见到一号堡垒形势危急，陈嘉和蒋宗汉也都着急了，他们马上从手下挑选出一批敢死队员，亲自带着他们下山营救。正好此时西岭守将王孝祺也发现东岭危机，慌忙派遣部下骁将、记名总兵潘瀛带领五百名敢战之士前来救援。

潘瀛长得膀大腰圆而身高体壮，是一名能打善拼的武将，也是王孝祺的爱将。昨天他没捞着上战场，心中闷闷不乐，憋得非常难受，今天终于能和法国鬼子刺刀见红了，他特别兴奋。"兄弟们，跟我上啊，这次不能放一个法国鬼子回家！"潘瀛带领着五百壮士一路小跑，从岭后大路下山，一路直冲一号堡垒。因为跑得浑身燥热，潘瀛直接脱掉上衣、赤裸上身，手里提着两把鬼头大刀，一马当先冲入敌阵！

此时，法军已经将要冲上山顶，一号堡垒守军的弹药也已经打光，先锋煲也用完了。看着如同大潮一样汹涌而来的法军士兵，冯兆金面色赤红，高高扬起手中的青光刀，大声吼道："杀敌报国的时候到了，兄弟们，杀啊！"说完，身先士卒地跃出战壕，朝着法军士兵就杀了过去。

看着将军如此悍勇，士兵们也不甘落后，一个个争先恐后地向前冲锋，不顾法军的子弹刺刀。这回可是棋逢对手，将遇良才，法军装备精良、训练有素、堪称百战之师，萃军一心杀敌、生死不惧，可谓下山猛虎，两军狠狠撞在一起，有的用刺刀，有的用大刀，有的用长矛，捉对厮杀，留下一地残肢烂肉。

然而，随着时间的推移，仅凭一腔爱国热情杀敌的萃军士兵渐渐支持不住，毕竟体能和技能上的差距不是仅靠热情就能挽回的。渐渐地，他们被法军逐渐压迫，退到了阵地后方，眼看就要支持不住了。

正在此时，陈嘉、蒋宗汉、潘瀛等人带领援兵赶来，看到一号堡垒危机，他们不顾自身安危，一声大喊之后就带着士兵猛扑敌阵，从中间冲开了法军的阵势。潘瀛双手持刀，左右开弓，两把大刀抡得水泼不进、虎虎生风；陈嘉外号"单眼虎"，只见他左手持刀，横砍竖劈，右手拿一把左轮手枪，弹不虚发，打得法军叫苦不迭；蒋宗汉也十分悍勇，他在和法军作战时身被战伤，多处流血，然而他只是让人简单地包扎一下就回到战场，誓死和敌人作斗争！

就在清军和法军苦战的时候，山下突然响起了象征法军撤退的军号声，一时间，正在奋勇拼杀的法军士兵兵无战心，如潮水一般朝着山下退去。虽然有意追杀，但是山下的法军用猛烈地火力封住了清军追杀的路线，只能眼睁睁地看着法军从容撤退。

眼看就要夺取一号堡垒，爱尔明加却主动吹号撤军，这让原本以为守不住第一峰的清军战士们非常奇怪。实际上，这是因为长墙处的战况有了转变。

尼格里按捺不住自己歼灭这支清军的冲动，等到第一轮排炮发射完毕，就立刻下令吹起冲锋号，朝着长墙发动凶猛的冲锋。从开战到现在憋了很久了的111团士兵和越南伪军士气正旺，呐喊着就从隐蔽的谷地冲出，端着枪、弯着身，如同野狗一般朝着长墙冲了过来。

冲锋过程中的法军士兵无疑就是守军的活靶子，不能做出太多隐蔽动作，中枪几率大大增加，是以，冯子材命令士兵准备开枪。谁知道很多士兵已经被之前惊天裂地的炮击打得昏头昏脑，一见敌人冲锋就要开枪射击，浪费了很多弹药。

"不要急，不要急，听我命令，我说开枪再开枪！"冯子材暗自摇了摇头，毕竟自己麾下大部分还是新兵，虽然有一腔杀敌报国的热情，却是因为没有足够的经验所以容易贻误战机。

听了冯子材的话，士兵们停住了射击，开始等敌人进入有效射程之内再进行攻击，有的还开始观察敌军的形象。那时的法军由希望通过从军获得法国国籍的外籍士兵、希望立功受赏的本国士兵、卖国求荣为侵略者效劳的越南士兵组成，他们虽然行为令人不齿，但是战斗意识和战斗技能都非常优秀，堪称清军的大敌。

一千米、五百米、三百米、两百米，近了！冯子材心中默默估算着敌人的速度与距离，直到敌人进入两百米的射程才发出命令："开火！"

一声令下，千枪齐发，上千杆枪齐齐喷射出象征死亡的火焰，迸射出带来痛苦的铅弹。只见第一排的法军士兵如同割草一般倒了下去。还没等法军士兵做好隐蔽，第二轮、第三轮子弹已经从那些愤怒的枪口喷射而出，狠狠地打在这些侵略者的身上。

眼见清军开始反击，法军士兵开始寻找掩体，有的还就地卧倒，利用身边草木树丛的掩护向长墙射击，更多的则是渐渐撤退，且战且退地朝着长墙射击。

"不许退，不许退！"尼格里看着法军士兵一遭到攻击就撤退的表现，气得双脚乱跺，不住地大喊："炮兵，炮兵，给我再来一轮炮击！"

法军的炮兵不愧是受到过多次侵略战争洗礼的熟练炮兵，他们的第二次炮击丝毫没有受到初战不利的影响，恰恰相反，经过第一次的矫正和辅助，第二次的炮击更准、更狠，只用了几分钟就把长墙化作一片火海。虽然墙上守军已经有了应对法军炮击的经验，学会了撤离雉堞①、躲进地堡，然而泥土雕塑的地堡还是抵挡不了重磅炮弹的袭击，很多躲闪不及的士兵被炮弹正面命中或者被弹片擦过身体，瞬间就变成了一团血雾。

"大帅，快躲进地堡吧，法鬼的炮火厉害！"亲兵们用身体护住冯子材，迭声地恳求冯子材注意保护自己，"您要是有个万一，我们可就没有希望了！"

---

① 雉堞：古代城墙的内侧叫宇墙或是女墙，而外侧则叫垛墙或雉堞，是古代城墙的重要组成部分。

"士兵尚在奋战，老夫岂能贪生怕死！"冯子材须发皆张，怒发冲冠，傲然独立于长墙女墙一侧，大声说道："老夫就在这里督战，胆敢退过老夫者斩立决！"

"冯大帅都这么拼命，咱们也不能让人看扁了！"一名士兵本来想躲到阵地后头，逃避法军的炮弹，突然看到冯大帅却不下火线坚决不退，不由得热泪盈眶，大声喊道："兄弟们，咱们贱命一条，十八年后又是一条好汉，和法鬼拼了！"

正在很多被炮火打懵了的清军四处寻找掩体，躲避法军的炮火袭击的时候，法军的炮火停止了。而法军表现出了符合他们欧美列强身份的作战素质，一等炮火停止，立刻发动了冲锋，猝不及防之下很多法军已经到了长墙之下，眼看就要靠近长墙了。

很多时候，很多动作完全是下意识的——车底救人的英雄，勇闯敌阵的勇士，毅然反击的爱国者，他们的很多行为都是不经过考虑而自然而然的。而我们之所以歆羡钦佩这些伟大的灵魂，正是因为他们不屈不挠而舍己为人的伟大情操。不为利益，不求名誉，只是出自心头最热忱最深挚的那种感情。

而冯子材此时也面临着这种情况：法军已经冲到了长墙附近，眼看就要杀进长墙之内。是奋起反抗，让自己的"万金之躯"蒙受与如狼似虎的凶狠法兵肉搏的危险，还是仓皇后退，让自己的士兵去卖命、去送死，自己却安然无恙地躲在后方，不受危险？

越是关键时刻越显人格，越是危急情况越见本性，冯子材的表现无疑是一个最伟大的爱国人格的完满体现——就在几十名法兵已经堪堪触及长墙的时候，冯子材没有任何退缩，不顾自己已经年过花甲，而是登高一呼，奋勇杀敌："传令诸军有退者，无论何将遇何军，皆诛之！"说完，这位已经六十七岁的老将军手持宝刀，大呼酣战，毅然决然地朝着法国兵杀了过去。

"大帅已经亲自上了，咱们还等什么？"冯子材的两个儿子，冯相华和冯相荣眼见老迈父亲已经亲自杀了出去，顿时急红了眼，一咬牙，带着士兵们就冲了出去。

"兄弟们，杀敌报国，就在此刻！"一名军官喊了出来，他带头杀了出去；一名哨长喊了出来，他带着部下杀了出去；一名普通士卒喊了出来，他自己杀了出去。从东岭到西岭，从长墙到后方，从地堡到壕沟，从萃军到勤军，所有的声音都失声了——天上地下，宇宙洪荒，只剩下一个声音：杀敌报国，就在此刻！

杀敌报国，就在此刻！

已经断了一只胳膊的士兵从地上爬了起来，端起大刀，呐喊着、咆哮着，跃出战壕，恶狠狠地砍向法国兵嘴里喊着"杀敌报国，就在此刻"；一名断了一条腿的士兵挣扎着斜靠在雉堞上，用尽全身最后的气力向敌人发射出了仇恨的子弹，嘴里叫着"杀敌报国，就在此刻"；一名因为失血过多而眼看就不能支持的士兵勉强站了起来，用生命最后的时光留恋地看了这个美好的世界一眼，用尽最后的气力大吼"杀敌报国，就在此刻"！

是的，杀敌报国，就在此刻！

后世有很多人很奇怪中国人的国民性，这是一个擅长内斗同时又极端团结的民族，这是一个爱好和平同时又不畏战争的民族，这是一个不善争斗同时又刚猛决绝的民族。柔弱与刚烈，温文与决绝，胆怯与无畏，种种看似不可能同时存在于一个民族身上的精神却异常和谐地存在于这样一个民族身上。

他们不明白，他们永远不会明白，有一种伟大的精神叫做"爱国"，更有一种高贵的情操叫做"报国"，还有一种崇高的思想叫做"以身许国"，正是这种看似不可理解甚至不可理喻的"报国"，驱使着千千万万中国人为了那虚无缥缈而不可捉摸的未来抛头颅、洒热血，粉身碎骨在所不惜！

中国人不怕苦，不怕累，最怕没有一个值得奋斗的目标，最怕不能把自己的生命同伟大的祖国结合起来，最怕这一生不能奉献给最崇高的目的——为国家之崛起而奋斗终生！

清军士兵战斗力是差，但是这种差不仅仅是因为武器不足——阿富汗的人民用古典时代的军器仍然打败了上万的英国远征军。他们之所以不能战斗，不是不能打，而是不愿意打，因为不知道为何而打，为谁而打，又为了谁而牺牲生命！

今天，冯子材给他们提供了一个答案，你们不为我战斗，我不需要你们的生命；你们不为朝廷战斗，朝廷连饷银都没给你们发够；你们不为任何人战斗——你们为了自己，为了家人，为了国家战斗，为了心中的那片热土战斗！

杀敌报国，就在此刻！

看到主帅奋勇冲锋的士兵们个个争先恐后地从战壕、从地堡跳了出来，端枪持刀地朝着法兵冲杀过去，很快就把登上长墙的法兵赶了回去，打退了敌军的这一次突击。

该死的中国人，他们什么时候变得这么勇敢了？虽然很愤怒中国人的反击，尼格里心里也有些奇怪：这些中国人莫不是中了什么巫术不成，怎么比我们法兰西帝国的军人还要勇敢？

可怜的尼格里，可怜的侵略者，你们永远不会明白，这世界上有一种理念叫做"舍身报国"，有一种意志叫做"以身许国"！

愤怒至极而又大惑不解的尼格里心中万分焦急，生怕战斗拖延下去等来清军的援兵，他决定开始第三次炮击。然而，就在他满心里以为马上就能等来一阵惊天裂地的炮击时，却从炮兵司令那里得到一个不好的消息：法军的炮弹已经全部打完了！直到这时候，尼格里才知道运输队没有按时把充足的炮弹运输到前线来的消息。

尼格里的心猛地一沉，虽然身处热带地区，却浑身如堕冰窟：他知道，如果没有战场炮火的支援，人数上占据绝对劣势的法军根本不可能对人数达法军十倍以上的清军造成威胁，假如清军指挥官足够聪明，他甚至可能被清军全歼。

不行了，必须发动最后的攻击！知道已经没有退路的尼格里决心孤注一掷，趁着清军没有弄清自己的虚实之前发动最后的进攻。于是，尼格里慌忙命令143团停止对东岭的进攻，转而加入111团，汇合所有的可用兵力，朝着长墙发动最后的冲锋！而得到143团支援的111团人数陡增，士气大振，加上连队军官"战胜之后可以任意获得战利品"的诺言，纷纷摩拳擦掌，准备一战。

尖利刺耳的冲锋号的声音响起，法军放弃了能躲避敌军射击的散兵阵线，排成密集的队列朝着长墙发动冲锋。虽然不时有人被清军枪炮击中，闷哼一声倒在地上，但是这些倒霉鬼就和大海中的一朵浪花一般，没有对法军队列造成任何影响。

看着如同一群鬣狗一样冲锋过来的法军，长墙上所有的将领都面色沉重，一言不发——他们知道，决战的时刻到来了。

"将士们，多余的话我也不用说了，今天，墙在我在，墙失我亡！"冯子材手持战刀，高声叫喊，"杀贼报国，杀——"

"杀，杀，杀！"连续大喊三声杀贼，萃军士兵们纷纷扔下白刃战中没有任何作用的枪械，拿起大刀长矛，准备进行最后的决战。

正在此时，一名传令兵跑到了长墙内部，高声嚷道："潘巡抚带着援兵来了！"精神紧张的将士们回头一看，果然后方烟尘滚滚，一支军队快速赶来，仔细一看，队伍中赫然现出潘鼎新的帅旗！

就在接到冯子材的告急信后，潘鼎新先是派遣苏元春率领陈嘉、蒋宗汉带兵急速救援，自己留在后路，紧急召集了驻扎在龙州、艾瓦、海村等地的方友升、魏纲等人共计一万多部队，并且命令主持后路后勤事宜的广西按察使李秉衡迅速调集大批粮饷弹药运往前线，自己带着部队于初八这日亲自援救关口前隘。

这倒不是潘鼎新大人转性了，变得英勇善战而且无惧无畏了，只是因为这一仗输了之后他一定会被革职查办，倒不如亲自带兵搏一把，如果侥幸得胜从此就没有后顾之忧了。

军情紧急，已经来不及寒暄客套了，冯子材仅仅是很简单地和潘鼎新见过面后就派遣士兵进入作战区域，准备进行对法军的最后一击。由于这批生力军的加入，清军兵力已经猛增至三万余人，相比法军可谓是占据了绝对的优势，而法军此刻炮弹已经用完，更没有和清军对抗的力量。

"将士们，杀敌报国，就在此刻！"冯子材站立在墙内高处，威风凛凛地发号施令，"全军出击，痛歼法军！"

"全军出击，痛歼法军！"长墙上十几个先锋栅门轰然洞开，数以万计的清军如同下山猛虎一般朝着法军阵线猛扑过去，气势汹汹而不顾生死。正在朝着长墙发动冲锋的法军没有料到清军会发动反冲锋，一时间不知如何应对，冲锋的势头顿时停滞，冲在最前面的几十名法军瞬间就被凶猛冲锋的清军杀死。

法军也算是训练有素，冲在后面的法军迅速调整了自己的阵势，一部分人用快枪扫射清军，利用火力压制阻碍清军的冲锋，一部分悍勇无匹的则挺起刺刀，疯狂号叫着与清军捉对厮杀。

一时间，养精蓄锐已久的清军士兵遇上了饱经战阵的法国侵略军，一方面是士气高昂、杀敌心切，一方面是装备精良、火力凶猛，两支部队厮杀在一起，很快就很难分清各自的阵线，全都混成了一团。

看到对面突然冲出这么多士兵，最为吃惊的就是尼格里了。

"莫非是清军知道了我军炮弹已经用完了？"以为是机密泄露了的尼格里大惊失色，还以为是自己军队里出了间谍，顿时萌生了退意。

此时的战场上，清朝军队就如同汹涌澎湃的海潮，凶猛地冲刷着由穿着蓝色上衣的法兵构成的小岛。这些小岛在海潮的冲刷下显得无比孤单、无助，好像很快就要被淹没一般。

"我军缓缓撤退，且战且退，以清朝军队的素质和这里的地形，即使他们人数众多也没有任何用武之地！"尼格里自我安慰着，希望情况会向着好的方向发展，然而，现实又一次狠狠地将他的美梦打碎。就在他刚想将23团预备队投入战斗时，23团团长寿非却向他汇报从油隘和扣波方向发现大批清朝军队来袭。

假如被这两支清朝军队抄了后路，那么法军将无路可走，几千法兵将全部被清朝军队包围，全歼也是很有可能的事情。无奈之下尼格里只能承认了自己的失败（当然，对于骄傲的尼格里将军来说只是一次"小挫折"），命令23团集中火力掩护111团和143团撤退。

接受了任务的寿非立刻命令 23 团士兵在镇南关两侧布下防御网，用机枪步枪搭配组成的密集火网拦截追亡逐北的清军士兵，中间却留出一条通路来，方便 111 团和 143 团撤下前线。虽然清军将士们有心杀贼，然而法军火力却是又猛又密，血肉之躯毕竟难以和枪林弹雨面对面争雄，是以只能在追杀了几百名落后的敌兵后鸣金收兵，眼睁睁地看着法军狼狈逃窜。

虽胜尤败

大胜，大胜，前所未有的大胜！

虽然仅仅杀死了不到千名法军，虽然仅仅只是御敌于国门之外，没能收复越南，彻底毁灭法国驻越南军队；虽然在取得这次胜利之后没能继续扩大战果，但是这都不能掩盖一点——这是清朝末年中国对外战争中少有的胜利，而且是完全由中国军队自己取得的胜利！

从 1840 年的鸦片战争以来，经历第二次鸦片战争等多次对外战争，这是中国人第一次见到胜利的旗号在中国大地上飘扬，第一次见到不是败兵而是凯旋之师回到国土。

即使后世对这次战争的准备、过程、结果有再多的诟病，都掩盖不了一个事实——这是一次彻彻底底的、大扬国威的胜利！

是以，不论我们如何评价这次战争，都有必要将在这次战争中英勇抗战的将士深深记在心里，而那些为了国家之崛起、民族之独立而不懈奋斗的伟大战士们，注定将被记录在湛湛青史上，与日月共耀，与天地同辉！

当晚，潘鼎新、冯子材、苏元春三人联名递交了电报，兴奋地上报了这次战斗的情况："自从初六到初八我军与敌军展开了一场恶战，经历了三个昼夜之久，最后大获全胜。一共歼灭敌人一千多人，擒杀敌人数百人，夺取枪炮、食物不计其数，一路追击敌人到关外，直到入夜方才收队。法虏经过这次大创，尸横遍野，丢盔弃甲，实在是他们自从入侵越南以来未曾经历的大败，足以震慑敌人的胆魄而彰显我上国的天威！"

本来，按照冯子材的想法，萃军应该乘胜追击，一路围追堵截法军，让敌人无处逃窜。然而，潘鼎新在取胜之后胆小怕事而不敢战斗的本性又暴露出来了——千辛万苦取得了胜利，万一打了败仗怎么办？是以，他利用自己的官位强逼着冯子材在镇南关休整了一天，于第二天初十开始追击。

军队一路进军至文渊，却发现没有任何抵抗，清军轻而易举地就攻占了这个位于战略要地的城市——尼格里在遭逢惨败之后意识到文渊已经不能固守，于是放弃了文渊。就在收复了文渊之后，本想继续进军，谁知天公不作美，竟然下起了滂沱大雨，让冯子材乘胜追击的打算落空。

越南地区多雨，不仅雨势大而且持续时间长，这场雨一连下了两天两夜，直到十二日方才放晴。等天刚一放晴，冯子材就迫不及待地带领军队出击，直逼四十里以外的谅山。

谅山位于淇江南岸，虽是一省首府，却是一个城墙矮小、构造简陋的城市。前几年桂军入越抗法时，前后两任广西巡抚徐延旭、潘鼎新都将谅山作为大本营和物资集散地，直到光绪十年（1884年）十二月，才被法军以两个旅团的优势兵力攻克。驱驴墟位于淇江北岸，地势险要而易守难攻，清军和法军都曾经在此筑垒固守。法军在攻陷谅山之后，把驱驴墟作为护卫谅山的战略要地，花了很大力气修筑城防。

尼格里在从镇南关败回谅山之后，意识到清军必然会乘胜追击，是以集中了全团所有五千人的兵力和所有大炮固守，只等清军来攻。

清军在战胜了法军之后缴获了很多火炮，攻城火力有了很大的加强，再也不惧坚固城池。虽然尼格里在驱驴墟苦心经营、

现在的镇南关，今改名为友谊关

精心准备，还是没有抵挡住清军汹涌的炮火和悍勇的冲锋，在抵挡了一个白天之后力不能支，只能撤往谅山。在撤往谅山的途中，尼格里身中流弹，前胸受伤，再也不能指挥作战，只能将指挥权交付给爱尔明加。尼格里本来以为他的爱将爱尔明加会同清军死战到底，谁知道已经没有任何战心的爱尔明加不愿再战，趁着尼格里昏迷的时候将军队撤回后防，留给清军一座空城谅山。

收复了谅山的清军下一步的计划就是乘胜逐北，直捣黄龙，收复越南全境，实现全面胜利。为了这次胜利，冯子材不仅招揽了来自越南各地的反抗武装，还将缴获的所有武器大炮装备给部队，形成了一支极具战斗力的军队。

然而，正如一位哲人所言，在一个错误的时代，任何正确也只能相对不那么错误，根本不可能有正确可言。同理，在清末这个腐败透顶而没有任何自由平等的朝代，任何有为的人物都要受到打压压制，而很多情况下这种来自内部的倾轧反而比来自外部的打击更加凶狠。

其实这也不仅仅是清末一朝的情况，任何一个走到末期的颓废王朝都会有这种"成事不足败事有余"的腐败官僚，都会有一大批不能给国家带来任何好处但是坏起事来却比谁都积极的小人。

一代军神岳飞没有倒在金人的刀枪下，没有死在异族的弓箭下，却永远地倒在了自己人的暗箭之下，奏出了一曲末世的挽歌；慷慨吟唱《正气歌》的文天祥怀揣满身的壮怀激烈，一心想着恢复已经风雨飘摇的南宋朝廷，却因为内部倾轧与斗争而兵败被俘，最终黯然死去；孤身守城的史可法不曾输给清朝大军的刀枪火炮，不曾畏惧敌人的声色俱厉，却因为朝廷派系内斗而孤身北上，困守孤城，最后无奈自杀，凄惨奇绝。

是以，任何一个时代，最遭人痛恨的就是这种成事不足败事有余的奸佞小人，而就在冯子材一心想着杀敌报国的时候，他也有了类似的遭遇。

就在清军统帅们兴高采烈地计划如何反攻的时候，圣旨到了，只不过，这一次不再是给冯子材加官晋爵。上谕：关外官军在去年十二月及本年正月屡战屡败，巡抚潘鼎新身为统帅，虽然亲临战争，身受枪伤，却不能鼓励诸军奋勇地杀敌，指挥

苏元春修复的镇南关关楼

不当。潘鼎新立刻革职，苏元春屡立战功，敢于任事，命他督办广西军务，广西巡抚则由李秉衡暂时担任。

平心而论，虽然潘鼎新是一名不合格而且不称职的统帅，自己没有给这次胜利作出比较大的贡献，但是在这种情况下裁撤潘鼎新无疑是放弃胜利——苏元春资历不足，不能服众，根本不可能统帅心高气傲的将领作战，李秉衡身在后方，也不可能指挥作战，这就等于让清军放弃追击。

其实事情的原因也很简单，潘鼎新是淮系的重要成员，李鸿章的心腹股肱。在中法战争中，淮系领袖李鸿章主持对法外交失败，遭到朝廷传旨申饬的处分，另一名重要成员张树声又因为北宁战败而遭到牵连撤职的处分，是以，淮系势力遭遇重大挫折。就在这时，张之洞出任两广总督，深得朝廷信任的他有意与李鸿章分庭抗礼，而湘军出身的钦差大臣彭玉麟又门户之见极重，于是两人一拍即合，总想着给潘鼎新找点麻烦。等到二月初六，杨玉科战死，桂军在谅山和镇南关连遭挫败，张之洞与彭玉麟联名密奏朝廷，攻讦潘鼎新指挥不当，不适合担任关外统帅。于是，清政府于初八下旨，革去潘鼎新广西巡抚职务，而因为当时通讯条件太差，是以电报迟了十五天才送到潘鼎新手中，演绎了一出战胜之后遭到革职的闹剧。

潘鼎新一去，苏元春 不能服众，下面的将领们就难免有些弹压不住，加上因为官职交替而产生的扯皮交接等事务，冯子材等了十几天还是没能出兵追击。

二月二十五日，冯子材与苏元春最后一次商议了今后的联络方法，准备各自分头出击，却接到了两广总督张之洞的急电："奉二十二日的电报圣旨，合约已经签订，三月初一停战，十一日撤兵班师。"原来，自从法军在镇南关一役中惨败给中国军队，法国舆论哗然，纷纷抨击政府。法国议会立刻召开了紧急会议，弹劾挑起侵华战争的罪魁祸首——法国总理茹费里。遭到弹劾之后的茹费里自知失去人心，只能无奈解散内阁下台，当了一回"民主制度"的替罪羔羊。而在茹费里被罢免后，法国政府不再坚持要求全中国赔款割地，只是要求签订议和协议。

清政府早就被外国人打破了胆子，好不容易取得一点胜利，不仅不想着多获取一些权益，却生怕法国人反悔，不再签订不赔款的"平等协议"，忙不迭地在协约上签了字。就这样，持续了数年之久的中法战争就这样画上了一个荒诞的句号。

历史上从来没有这么一种情况，一个战胜国的政府却在战败国的协议上签下了字——1885年6月9日，李鸿章与法国使者在天津签订《中法会订越南条约》共十款，主要内容是：清政府承认法国对越南的保护权，承认法国与越南订立的条约；中越陆路交界开放贸易，中国边界内开辟两个通商口岸，"所运货物，进出云南、广西边界应纳各税，照现在通商税则较减"，进出云南、广西的货物应该依照现在的通商税减少；日后中国修筑铁路，"应向法国业者之人商办"，应该由法国商人主持商办。

而在此约签字后六个月内，中法两国派员到中越边界"会同勘定界限"一同勘察了边境线；法军退出台湾、澎湖。11 月 28 日，此条约在北京交换批准。1886 ~ 1888 年，清政府又被迫与法国签订了《中法越南边界通商章程》《中法界务条约》《中法续议商务条约》等一系列不平等条约，使法国又得到巨量的权益。

从此之后，中国西南门户打开，法国侵略者以印度支那为基地，一路长驱直入云南、广西和广州湾（今湛江市），并使之一度变成法国的势力范围！

在马上就能乘胜追击，享受胜利果实的时候结束战争，这真可以说是前功尽弃！牺牲了那么多将士，经过那么多艰苦卓绝的战斗，好不容易击溃了法军，正要收获胜利果实的时候，却来了这样的变故！

假如就这么议和了，死去的将士谁来负责，无辜受伤的百姓谁来负责，受到法国压迫的越南人民谁来负责？

清政府不会负责，因为在他心中就没有"负责"这个概念，他的所有任务就是收税之后用于各种消费奢侈，至于保家卫国只是为了维持享受而不得不做的额外任务。

接到议和命令的冯子材愤怒极了——他面色潮红，气喘如牛，头痛欲裂，只觉得天旋地转而眼冒金星，浑身上下没有一处不在抽搐发抖，他觉得劳累而困倦，非常困倦，整整一辈子都没有这么疲倦过。

是啊，年轻的时候给人家保镖，为了赶路几天几夜没合眼都没这么疲倦过；中年的时候从军作战，军情紧急时连日作战不能休息，也从来没有这么疲倦过；几天前和法兵打仗，为了战胜殚精竭虑而日日苦思，都没有这么疲倦过。

而现在，在打了胜仗之后，冯子材却感到了非同寻常的疲倦。

是的，他倦了，他再也不想为这个打了胜仗却签了战败条约的清政府打仗；他倦了，他再也不想抵抗外敌，再也不想为了这一场不可能会有胜利的战斗奋战；他倦了，他觉得再也看不到中国富强崛起的那一天了，他觉得自己不可能再看到民族复兴振作的那一天了。

是的，冯子材，这个战斗了一辈子的老军人，他倦了。

第五章　大将陨落

中法战争结束了，冯子材升官了——他因为战争胜利而获太子少保衔，三等轻车都尉世职，这已经算是非常高的殊荣了。不知道是清朝已经无人可用还是清廷喜欢将一个能干活的人用到极致，在冯子材从越南撤兵回国后，他"奉旨"督办钦廉一带防务，应付法国对西南边疆的侵略——而这，就是清政府签订的"平等条约"带来的结果。

1886 年，他率军赴海南岛，镇压黎族人民起义。虽然名为镇压，但是这位老军人还是利用他生命最后的不多的年华做了不少好事。假如你对住在海南五指山周围的黎人说起"冯公"或者说"冯宫保"，那么每个人都能掰着手指头跟你讲出不少故事来。

光绪十二年（1886 年），在平定了黎族起义之后，冯子材超越了一个普通武人的境界，不是单纯的"杀光杀净"，而是为了保证黎族地区的稳定和发展，他提出"据其心腹，通其险阻，令其向化"，占据海南岛要害地区，打通险要地区的交通，让人民向往教化的方针，并"仿照海瑞开通黎峒十字路之议"，仿照海瑞开通黎峒十字路的议论，处理各项善后工作，制订《抚黎章程十二条》。

在军事上，冯子材坚决实施"少镇压、多抚黎"的政策，不多造杀孽，而是通过安抚的方式使人民安定，于是"诸峒震慑"（少数民族都被震慑）、"收抚黎众十万人"（安抚了十万的黎族人）。

政治上，冯子材还"开通十字大路"，把历代征讨黎族都没有到达的五指山腹地水满峒作为十字大路的中心点。冯子材还选择要地设立机构，"以黎制黎"实行"少数民族自治"，在海口、兴隆、陵水、南丰、崖州设电报局五处，互通情报。他还将黎峒机构改革，设置了三处"抚黎局"，在抚黎局之下设黎团总，管辖黎族事务。

经济上，他鼓励开发黎区，发展黎族经济。开挖矿山，"黎汉均享其利"；垦荒造田，三年之内不收赋税，救济黎人生产工具。

文化上，冯子材贯彻了"开化黎民，以客（汉）带黎"的政策。他把一部分客人（汉人）带入黎峒，在水满、大旗、文化市等地定居至今。这些进入黎族地区生活的汉族人懂生产技术，让黎民从"刀耕火种"进化到以犁耙耕田种稻的生产水平；冯子材还设立义学，教导少数民族人民读书。

光绪十三年（1887年）春，冯子材在五指山北仕阶岭大路旁一巨石上刻下了"手辟南荒"四个大字，以纪念其"抚黎"、

"治黎"的壮举，这或许也是这位操劳了一生的老军人对于自己在海南的功绩的小小留念。

然而，时代的大潮依旧冲刷着日益落后的清政府，咄咄逼人的欧美列强依旧对土地肥沃而物产丰裕的中国虎视眈眈，虽然冯子材尽力在海南作出一些成绩，但是还是没能阻拦这浩浩荡荡的世界大潮。

1894 年，中日战争爆发，冯子材不顾疲病之身，毅然率军北援，驻扎在曾经拼杀了多年的镇江。然而，时代又和这位忠勇的老军人开了一个大大的玩笑——就在冯子材北上途中，就听说了《马关条约》签署的消息，"天朝上国"中国赔款失地，"蕞尔小国"日本大获全胜。悲愤不已的冯子材用电报上奏要求北上决战，却没有得到任何答复，只有那一纸《马关条约》似乎在嘲笑这位老军人的不自量力。

1903 年，这时候的冯子材已是 86 岁的老人，按理说早就到了颐养天年的年纪，甚至已经到了今天睡下去明天不知道还能不能睁开眼的年纪。然而，为了镇压广西人民风起云涌的起义，经两广总督岑春煊上奏，清廷又命他办理广西军务。

为了报答所谓"三朝知遇之恩"，冯子材勉强扶病出征，日夜兼程，赶往广西。然而，因为夏间行军天气湿热，老军人中暑生病，病情逐渐恶化，最后牵动旧伤，于 9 月 18 日在南宁行辕辞世。

后记

冯子材的生命是一出壮丽的悲剧：少年出身贫苦，历尽艰险加入军队，在沙场上拼杀出官位利禄；壮年命途多舛，打击腐败遭到同僚倾轧，维护正义受到上司打击，跌跌撞撞的他在官场上举步维艰；老年扶病出征，带着一支没有上过战场的军队对抗强大的法国远征军，以垂老之躯迎战咄咄逼人的强大敌人；直至垂死，他还在到处为官、练兵、镇压起义，为着已经垂垂老矣而苟延残喘的清政府尽最后的心力。

他没能战胜命运，更没能扭转大局，他的所作所为只不过是让一个垂死的病人回光返照，多挣扎了几下，随之而来的就是更剧烈的咳嗽与痛苦：1895 年，中日甲午战争中国战败，天朝上国败给了从前的藩属和小弟，再也没有东方"老大帝国"的架子和威势。

虽然愤愤不平，虽然要求北上，虽然宝刀未老，冯子材最后还是没能得到一个在战场上证明自己的机会，没能为这个国家奉献最后的心血，上表要求远征的他在得到朝廷的嘉奖后就再无回应。

1903年，伴随着西方侵略者越发轻快的侵略步伐，应和着远洋军舰越发轰隆的炮响，老军人在出征途中撒手而去，突然留下一个绝望的时代，一个黑暗的世界，一个亟待变革的中国。

老军人就这样离去了，他来的时候，清政府的痼疾已经积重难返，曾经的昂昂铁骑已经彻底沦为一个笑料，在"八里桥之战"中沦为被屠杀的对象；而当他逝去的时候，这个末代王朝更是风雨飘摇，岌岌可危，不仅遭到侵略者的四面合围，更是内忧外患纷至沓来。而终冯子材一生，他都只是一个可怜的小人物，不畏生死，慷慨南下抗法，个人得失置之度外，然而最终却被一纸合约欺骗玩弄，白白牺牲如许健儿；然而，他又永远是一个顶天立地的大人物，虽然年老体衰，虽然国力贫弱，虽然装备低劣，他带着这么一支战斗力低下的军队创造了一个军事奇迹，用自己的一生践行了"杀敌报国，誓死不屈"的诺言。

他是悲凉的守护者，是伟大的爱国者，是慷慨悲歌的末路英雄。时代赋予了他多重身份，也给他提供了一个伟大的舞台，他也没有辜负这种信任，尽力演绎出了自己华彩绚丽的一生。

世人对他往往有多重评论，对他的爱国情怀，世人加以褒扬；对他的愚忠愚诚，往往加以诟病；对他的抵触革命，更是非议颇多，不能苟同。然而，我们都必须承认一点，这个老军人，用他的一生，守护了他挚爱的国度。

往日的种种已经化作历史的漫漫烟尘，昔时的隆隆炮声也成了难以追溯的红尘过往。是褒是贬，是好是坏，这些已经与冯子材无关，他不需要我们的评论来证明什么。然而他却用一生向我们诠释了一点，永远不需要质疑的一点——爱国，不需要借口。

冯子材年谱

1818 年　出生

8 月 17 日，冯子材出生于钦州城外沙尾村。当时的钦州，隶属广东。

1821 年　4 岁

冯子材母亲去世。

1827 年　10 岁

冯子材父亲去世，他与祖母、兄长相依为命，孤苦伶仃。为了生计，冯子材不得不随大人贩盐、做木工、捕鱼摸虾、护送牛帮，篱笆房被洪水冲垮后只好住进庙里，饥寒交迫，朝不保夕。父母双亡后，舅父黎氏欲收养冯子材，被冯子材拒绝，祖孙日复一日地过着贫苦的生活。

1833 年　16 岁

林则徐的祖母撒手人寰。得武师庞元付器重，冯子材进入
武馆学艺，后因恩怨巧合，被发配到廉州充军。

1848 年　31 岁

冯子材与友人外出做生意，在灵山县境内被天地会刘八部
劫持，遂与反清队伍结下冤仇。

从刘八军中脱逃后，冯子材投奔团总黄汝谐，充当勇目，
协助黄围剿当地农民起义军。但是，黄汝谐贪功吞赏，冯子材
绝望之余，率众改投廉州知府，在镇压天地会、围攻廉州的战
斗中大显身手。后他又被调去广东高州清剿凌十八义军，因为
作战悍勇，被赐予八品顶戴。

1851 年　34 岁

竖起反清大旗的广东天地会领袖刘八率部众万余人进攻博
白，冯子材被裹挟在其中。5 月，刘八进攻博白失败，冯子材趁
机拉出部众千人，投降廉州知县游长龄，并被改编为"常胜"勇营，
期间积极参加镇压粤桂边界的农民起义军，不断积军功擢升至
千总。而就在这时，广西提督向荣征召他一同镇压太平军起义，
由此开启了冯子材与太平天国的恩怨纠葛。

1853 年　36 岁

4 月，身为都司的冯子材带领广西军队随同向荣在南京城外孝陵卫建立了江南大营，向太平军发动进攻。

1856 年　39 岁

6 月，江南大营被太平军摧毁，冯子材败逃丹阳。

1858 年　41 岁

钦差大臣和春复立大营于沧波门、高桥之间，挖掘长壕，坚筑高垒，围困天京太平军。冯子材身负守御之责，屡次击退太平军的冲锋，并攻毁太平军在城北修筑的栅栏营垒。冯子材深得上司的器重，几年之内由都司一步步升为总兵。

1860 年　43 岁

5 月，太平军第二次攻破清军"江南大营"。冯子材随江南大营次帅张国梁逃到丹阳，又被太平军击败，张国梁在丹阳南门外落水溺死，事后，冯子材收聚残军，退往镇江固守。

1862 年　45 岁

冯子材以孤军三千人守御镇江，不时与太平军小部队接仗。

1864 年　47 岁

天京陷落，清廷大封"功臣"，冯子材也被赏穿黄马褂，封骑都尉世职。

1865 ～ 1883 年　48 ～ 66 岁

冯子材奉命前往广东罗定、信宜剿灭当地反清队伍。后，冯子材擢升为广西提督。此后 18 年间，冯子材在广西提督任上连连用兵，翦除各地反清武装，并三次率兵赴越南，追剿入越的反清队伍。

1883 年　66 岁

冯子材看清楚了官场上的官官相护，出于义愤，冯子材告病还乡，暂时结束了长达二十多年的军旅生涯。

12 月，法国侵略军悍然向驻扎在北圻的中国军队发起进攻，中法战争正式开始。

1884 年　67 岁

北宁失守，前线指挥官、广西提督黄桂兰畏罪自杀。清政府手忙脚乱，匆匆调兵遣将之余，才想起这位熟悉边情的老将，任命冯子材督办高、雷、廉、琼 4 府 25 州县团练。几个月间，他成立了 9 个州县的团练，其中亲自挑选和训练的 500 名钦州练勇成为日后"萃军"的骨干。冯子材主动上书，要求统率 1.5

万军队开辟陆路第三战场。张之洞很欣赏这个建议，同意他编成 18 营军队，准备开赴越南作战。

1885 年　68 岁

1 月底，法军主力七千余人在船头一带向广西边境大举进军。

2 月 13 日，法军占领战略要地谅山。23 日，守卫文渊的清军将领杨玉科中炮牺牲，部下溃散。法军乘势侵占镇南关，前锋深入我国境内 10 公里。25 日，法军由于兵力不足，补给困难，炸毁镇南关城墙及附近工事，退回文渊，还在关址废墟上立一木牌，上书："广西的门户已不再存在了"。

就在这时，冯子材率军赶到前线，毅然担负起保卫祖国西南边疆的重任。冯子材以将近七旬高龄，素孚众望，召集各路将领开会，劝告大家消除派系成见，以国事为重，同心协力保卫国家。在会上他被众将公推担任前敌主帅。

2 月 25 日，冯军进驻凭祥，预备与法军决一胜负。

3 月 21 日，在冯子材的指挥下，萃军于夜主动出击，突袭了盘踞在文渊的法军，以提高清军的作战士气，并引诱法军来攻关前隘。法军受损之后，指挥官尼格里果然按捺不住，于 23 日凌晨指挥法军两千多人和三个炮兵连，兵分三路，气势汹汹地进犯清军长墙主阵地和东岭炮台。

3 月 24 日清晨，法军利用天降大雾的有利时机，在猛烈的炮火掩护下，兵分三路，再次发动猛攻。经过两天的激战，法军全线崩溃，狼狈逃出镇南关，退到文渊。镇南关一役，清军取得大胜，法国人在战后也不得不承认，自他们入侵中国以来，"从未受此大创"。为扩大战果，冯子材决定率军出关，乘胜追击，不给法军以喘息的机会。

3月26日，清军追击到文渊。

3月28日，冯子材率各部乘势冲进奇驴。

3月30日，清军克谷松，次日清军再克北黎，并收复了观音桥。冯子材决定亲率东线全军进攻北宁、河内，将法国侵略军彻底赶出越南北部地区。但就在这时，清廷突然下诏停战撤兵，前线将士一片愕然，乘胜追击的作战计划也只能作罢。清军取得镇南关—谅山大捷。

冯子材从越南撤兵回国后，"奉旨"督办钦廉一带防务，并会办广西一带防务，重点对付法国对西南边疆的侵略。

1886年　69岁

冯子材率军赴海南岛，镇压黎族人民起义，为当地经济、文化开发事业做了不少好事。后被补授云南提督，旋赏兵部尚书衔，继续留办粤防。

1894年　77岁

甲午战争爆发后，冯子材请缨北上抗日，获准赴江南办防，中途听闻《马关条约》签署，中国赔款失地，悲愤不已的冯子材用电报上奏要求北上决战，却没有得到任何答复。

1896 年　79 岁

中英片马争界交涉事起，冯子材奉命赴云南提督任，稳定了云南局势。

1899 年　82 岁

冯子材赴云南提督任，统领全省防营。

1903 年　86 岁

钦廉一带会党蜂起，两广总督岑春煊又想到了冯子材。年已 86 岁的冯子材又起身田间，会办广西军务兼顾广东钦廉防务。途中中暑，牵引旧伤，于 9 月 18 日在南宁行辕辞世。